みんなの日本語初級IIレベル

ゲンバの日本語

応用編

働く外国人のための
日本語コミュニケーション

AOTS
一般財団法人海外産業人材育成協会　著

スリーエーネットワーク

Published by 3A Corporation.
Trusty Kojimachi Bldg., 2F, 4, Kojimachi 3-Chome, Chiyoda-ku, Tokyo 102-0083, Japan

ISBN978-4-88319-876-4 C0081

First published 2021
Printed in Japan

はじめに

　一般財団法人海外産業人材育成協会（The Association for Overseas Technical Cooperation and Sustainable Partnerships, 略称 AOTS）は、1959 年の設立以来、主に開発途上国をはじめとする海外の技術者を研修生として日本に受け入れ、半世紀以上に亘り、民間企業の技術移転とそれを円滑にする産業人材向けの日本語教育に注力してきました。また、近年では外国人の看護師・介護福祉士候補者、技能実習生、外国人駐在員、外国人新入社員などを対象とした多様な日本語教育事業を展開し、2019 年の改正出入国管理法の施行以降も国内外でさらに高まる日本語教育ニーズに対応する取り組みを続けています。その中で、研修現場や就労現場ですぐに使える日本語に対する要望・期待が高まっていることを日々感じてきました。そして、この様々な「現場（ゲンバ）の日本語」へのニーズに対し、AOTS がこれまで培ってきた人材育成の経験を広く還元することは私たちの使命であるとの考えに至りました。

　AOTS の技術研修生の日本語学習の目的が、受入企業での技術習得のためであるのと同じように、多くの産業人材は現場（ゲンバ）で働くという明確な目的があり、その目的を達成するために日本語を必要としています。「即戦力として」活躍することが求められる産業人材は、現場（ゲンバ）で必要な日本語を「短期間で」「効率的に」習得しなければなりません。そのためには、現場（ゲンバ）に必要な言語活動を想定し、必要な語彙・表現を効率的に学ぶ必要があります。そこで、私たちは、初級総合日本語学習を補完する産業人材向けの教材を作成することにしました。

　本教材は、産業人材が遭遇するであろう場面を設定し、「その場面での言語活動が達成できるようにする」「日本企業での適応能力を育む」というコンセプトのもと作成しています。CEFR の行動中心主義を教材開発の理念として採用しつつ、『みんなの日本語』などの初級総合教科書を使用する教育機関でも取り入れやすくするため、3 段階のレベルを設定しました。使用文型は、基本的に『みんなの日本語』の学習文型に準拠していますが、産業人材に必要な語彙・表現を積極的に取り入れることで、すぐに使える現場（ゲンバ）の日本語の習得を目指しています。また、実際に産業人材が直面するリアリティのある言語活動を通して、単なる言語形式の練習にとどまらず、日本企業での慣習に対する理解も促します。

　本教材が、「日々の業務にすぐに役立つことを勉強したい」と望む日本語学習者の皆様、「日々の業務に役立つことを教えたいが、どうしたらいいかわからない」と悩む日本語教師の皆様に役立つことを期待し、延いては外国人受入企業や日本社会の円滑な多文化受容に寄与することを願っています。

2021 年 3 月　一般財団法人海外産業人材育成協会

本教材をお使いになる方へ

・本教材の目指すもの

　本教材は、「ルールやマナーを聞く」「使い方について質問する」といった、実際に産業人材が遭遇する場面や状況を設定し、その場面・状況における言語活動が達成できるようになることを目的としています。また、設定された場面やタスクに対して、「なぜ」「どうして」という疑問点を学習者自身にも考えてもらうことによって、日本の企業文化に対する理解を深めることも目指しています。

・シリーズ構成

　本教材は、『みんなの日本語初級』に準拠し、基礎編（レベル1、2）と応用編（レベル3）に分かれています。基礎編は各ユニットの中でレベル1とレベル2に分かれていますので、予めどちらのレベルが学習者に合ったものなのか、確認してください。

シリーズ	レベル	対象レベル	ユニット数
基礎編	レベル1	『みんなの日本語初級I』13課終了レベル	10
	レベル2	『みんなの日本語初級I』25課終了レベル	
応用編	レベル3	『みんなの日本語初級II』48課終了レベル	15

※基礎編10ユニットのテーマとなる言語活動は、応用編と重なりますが、難易度が異なります。

・各ユニットの流れ（進め方）

　本教材は、理解から産出へと促すために、【調べるタスク】、【聞くタスク】、【話すタスク】の順番にユニットが並んでいますが、どのユニットから始めても良いようになっています。学習者の興味や状況に合わせて、使用ユニットを選んでください。

　ユニットの基本的な流れは以下のとおりです。各ユニットの詳しい進め方は、教師用手引きをご覧ください。

①【話題・場面／タスクの目標】

　ユニットのテーマとなっている言語活動やその場面について理解し、「何ができるようになるか」という目標を確認します。

②【ウォーミングアップ】

　【メインタスク】に入る前の準備をします。ここで、【メインタスク】に対するモチベーションを高めます。

③【メインタスク】

　【メインタスク】には、【調べるタスク】、【聞くタスク】、【話すタスク】があり、ユニットのテーマとなっている言語活動によってタスクが異なります。①で確認したタスクの目標が達成できるように、各言語活動に即した内容で練習をします。

　使用文型は基本的にレベル1～3のそれぞれの段階に応じたものが使われていますが、言語活動によっては未習の文型が含まれます。未習の文型は表現と見なし、語彙リスト（https://www.3anet.co.jp/np/books/4232/）に掲載していますので、参照してください。

【聞くタスク】における未習文型（理解することが重要な文型）
　　例1：ユニット2（レベル1）「食堂の人にチケットを<u>見せてください</u>。」
　　　　→語彙リストは「見せてください」で掲載
【話すタスク】における未習文型（運用することが重要な文型）
　　例1：ユニット10（レベル1）「電車の遅延<u>で</u>、10分ぐらい遅刻します。」
　　例2：ユニット11（レベル3）「部品の発注ミスがあった<u>みたいです</u>。」
　　　　→語彙リストは「～で」「～みたいです」で掲載

※本教材では、テーマとなっている言語活動を達成すること、現実に近い場面を疑似体験することを重視しています。ユニットごとに【メインタスク】の練習形態やプロセスが異なる点にご注意ください。

④【会話練習】

　【聞くタスク】のユニットでは、【会話練習】によって理解語彙を使用語彙に高めます。【話すタスク】のユニットでは、【会話練習】で、より平易な表現での練習をし、会話の流れを身につけます。あるいは、【話すタスク】には出てこない表現で練習をし、表現に広がりを持たせます。

⑤【便利な表現】

　テーマとなっている言語活動に関連した語彙や表現を、例文を使って覚えます。

・表記と翻訳

　表記は『みんなの日本語初級』に準拠し、原則として常用漢字（1981年内閣告示）を用いていますが、研修現場や就労現場でよく使われる言葉（例：整理整頓）は、一部漢字に改めました。漢字にはすべてふりがなを振っています。

　また、各ユニットのタイトル、話題・場面、タスクの目標は、学習者に正確に理解してもらうため、翻訳（英語、中国語、ベトナム語、タイ語、インドネシア語）を併記しています。

・マークについて

　　🔊　　音声のファイル番号を表示

　　▶　　動画のファイル番号を表示

　(レベル1)　ウォーミングアップ、タスク、会話練習、便利な表現のレベルを表示

・学習時間

　1ユニット当たりの学習時間は50分程度を想定しています。『みんなの日本語初級』を主教材として使用しているクラスで、スケジュールに応じて、フレキシブルに取り入れることができます。

①	【話題・場面／タスクの目標】	5 〜 10 分
②	【ウォーミングアップ】	
③	【メインタスク】 ── 【調べるタスク】／【聞くタスク】／【話すタスク】	30 〜 40 分
④	【会話練習】	5 〜 10 分
⑤	【便利な表現】	

・補助教材

　以下の補助教材を https://www.3anet.co.jp/np/books/4232/ で公開しています。ダウンロードしてご活用ください。

語彙リスト（読み方と英語、中国語、ベトナム語、タイ語、インドネシア語の翻訳付き）
　　レベル3　『みんなの日本語初級II』第48課までで未習の語彙、表現、文型を取り上げています。

音声と動画
　音声と動画のユニットごとの対応は以下のようになります。
　【聞くタスク】の動画…ユニット2、5
　【聞くタスク】の音声…ユニット3、4
　【話すタスク】の動画…ユニット6、8、10、13
　【話すタスク】の音声…ユニット7、9、11、12、14、15

教師用手引き
　教師用手引きでは、ユニットごとに、ユニットの概要、具体的な進め方、指導上の留意点を説明しています。

学習項目一覧（応用編）

ユニット	話題・場面	タスクの目標	日本の企業文化理解	タスクの技能
1　標示の意味を調べる	職場でよく目にする標示を確認する	職場における標示の意味や漢字の読み方を様々な手段で調べ、理解することができる	わからないことを自発的に学ぶ	調べる
2　ルールやマナーの説明を聞く	研修初日に社内のルールや基本的なマナーについて説明を受ける	注意事項やルールの説明を聞いて、理解することができる	職場のルールを理解する	聞く
3　災害時のアナウンスを聞く	災害時のアナウンスを聞く	災害発生を知らせるアナウンスから必要な情報を聞き取ることができる	災害時に自分の身を守る	聞く
4　工場見学の説明を聞く	指導員に実習する工場を案内してもらい、説明を受ける	見学先の説明を聞きながら、全体の工程と必要な情報が理解できる	予め目的を持って説明を受ける	聞く

＊「主要な文型、主要な表現」の課表示はその文型、表現が『みんなの日本語』のどの課で扱われているかを表しますが、意味機能が完全に一致しない場合も便宜的に載せています。
＊網掛けはそのレベル外のものです。

	レベル	主要な文型	主要な表現
	3	〜と読みます（33課） 〜という意味です（33課） 〜と書いてあります（33課）	あの漢字は何と読むんですか どういう意味ですか
	3	〜てください（14課）　〜てから（16課） 〜ないでください（17課） 〜と思います（21課） 〜とき（23課）　〜ながら（28課） 〜ておいてください 　（〜ておきます30課＋〜てください14課） 〜ておいてもいいですか 　（〜ておきます30課＋ 　　〜てもいいですか15課） 〜ように（36課） 〜ようにしてください（36課） 〜ので（39課）	じゃ（3課） まず（16課） では（22課） どうしたらいいですか
	3	〜てください（14課）　〜ています（15課） 〜ないでください（17課） 〜かもしれません（32課） 〜て／ないで（34課） （ら）れます（37課） 〜ように（36課） 〜ので（39課）　〜て／で（理由）（39課） 〜かどうか（40課） 〜場合は（45課）	〜警報が発表されました 台風が近付いています 早めに帰宅してください 体を低くして逃げてください 階段を使ってください 落ち着いて避難してください 余震に気をつけてください 海や川に近寄らないでください 絶対に
	3	〜ています（15課） 〜ことです（18課） 〜ことができます（18課） 〜まえに（18課） 〜たり、〜たりします（19課） 〜んです（26課）　〜ので（39課） 〜ところです（46課）	そうですか（2課） 〜ね（4課） 〜台（11課） 〜人（11課） そうなんですか なるほど すごいですね

ユニット	話題・場面	タスクの目標	日本の企業文化理解	タスクの技能
5　予定や指示を聞く	朝礼でその日の予定や指示を聞く	同じ部署の人の予定や指導員・上司の指示を聞いて理解できる	他者と連携して仕事をする	聞く
6　予定を共有する	朝礼でその日の予定を共有する	朝礼で自分の行動予定をチームのメンバー（同僚）と共有することができる	業務計画を立てて仕事を進める	話す
7　予定を確認する	研修の予定について担当者に確認する	わからないことを質問したり、聞いた内容を確認したりすることができる	効率や正確さが重視される現場で、不確かな情報をその場ですぐに確認する	話す
8　使い方について質問する	質問して、わからないことを解決する	自分の質問の意図を明確に伝えたり、わからないことをもう一度質問したりすることができる	わからないことを放置しないようにする	話す
9　体調不良を伝える	担当者に体調不良やけがの様子を伝える	体調不良やけがの様子を伝えることができる	体調不良やけがを迅速に報告することで、職場や業務への影響を最小限にする	話す
10　遅刻の連絡をする	出勤時、交通機関の遅延による遅刻を電話で連絡する	指導員や上司に遅刻の連絡をすることができる	遅刻の際は連絡が必要なことを理解する	話す
11　問題発生を報告する	業務で発生した問題について指導員に報告する	問題が発生した場合、速やかに簡潔に報告することができる	自責他責に関わらず、問題が発生した際は、迅速に報告する	話す

	レベル	主要な文型	主要な表現
	3	〜てください（14課） 〜たいと思います 　（〜たいです13課＋〜と思います21課） 〜で〜があります（21課） 〜予定です（31課） 〜かもしれません（32課） 〜と言っていました（33課）　〜ので（39課）	じゃ（3課） まず（16課） 次に（16課） では（22課） 〜後（27課）
	3	〜ていただけませんか（26課） 〜予定です（31課） 〜（よ）うと思っています（31課） まだ〜ていません（31課） 〜ように（36課）　〜ので（39課）	午前は〜／午後は〜 〜ようにします 以上です（45課）
	3	Yes-No 疑問文 Wh 疑問文 疑問詞＋か（40課）	あのう、すみません。 わかりました。 〜ね（4課） これでいいですか（34課）
	3	〜たいです（13課） 〜てもいいですか（15課） 〜んです（26課） 〜んですが、〜ていただけませんか（26課） 〜んですが、どうすればいいですか（35課） 〜ので（39課）　〜てみます（40課）	あのう（2課） どうやって（16課） 〜じゃなくて これですか
	3	〜くて／〜で（16課）　〜んです（26課） 〜てしまいました（29課） 〜ほうがいいです（32課） 〜かもしれません（32課）	あのう（2課） 実は（28課）
	3	〜んです（26課）　〜てしまいました（29課） 〜と伝えていただけませんか（33課） 〜て／で（理由）（39課） 〜そうです（43課）	〜が（14課）
	3	〜と思います（21課）　〜とき（23課） 〜てしまいました（29課） 〜ほうがいいです（32課） 〜て／で（理由）（39課）　〜てみます（40課）	あのう（2課）　〜について（21課） 実は（28課） ちょっとよろしいですか どうすればいいでしょうか それで（28課） Nがあったみたいです

ユニット	話題・場面	タスクの目標	日本の企業文化理解	タスクの技能
12 困っていることを相談する	困っていることについて指導員に相談する	困っている内容について具体的に説明して相談することができる	相談するときに単なる情報共有にならないように、問題解決のための方法について話し合う	話す
13 連絡事項を伝言する	急な伝言を頼まれ、ほかの人に伝える	伝言を確実、正確に行うことができる	その状況に適切な手段で伝言する	話す
14 指導・アドバイスを受ける	研修先で指導やアドバイスを受ける	職場の人からの指導やアドバイスを聞いて、謙虚な姿勢で答えることができる	指導・アドバイスをしている人の気持ちや意図を汲む	話す
15 業務の成果や課題を話す	自分の業務を振り返り、課題について解決策をまとめる	自分のこれまでの業務の成果と課題を挙げ、課題に対する解決策を提案することができる	自分の業務を振り返ることの重要性を認識する	話す

	レベル	主要な文型	主要な表現
	3	〜てもいいですか（15課） 〜なければなりません（17課） 〜んですが、〜ていただけませんか（26課） 〜かもしれません（32課） 疑問詞＋〜ば、いいですか（35課） 〜なくて（理由）（39課）	あのう（2課） 実は（28課） 今、お時間ありますか 〜よね どうすればいいでしょうか
	3	〜てもいいですか（15課） 〜んですが、〜ていただけませんか（26課） 〜てしまいました（29課） 〜（よ）うと思っています（31課） 〜予定です（31課） 〜と言っていました（33課） 〜と伝えていただけませんか（33課） 〜ので（39課）　〜そうです（47課）	お電話代わりました お疲れさまです
	3	〜と思います（21課）　〜ても（25課） 〜かもしれません（32課） 〜ほうがいいです（32課） 〜ように（36課） 〜ようにしてください（36課） 〜て／で（理由）（39課） 疑問詞＋か（40課） 〜ようです（47課）	そうですね（5課） 〜とか、〜とか（30課） 自分では、わかったと思っていました 勘違いをしていたかもしれません よくわかります
	3	〜なければなりません（17課） 〜ことです（18課） 〜く／になります（19課） 〜と思います（21課） 〜ても（25課）　〜ています（28課） 〜（よ）うと思っています（31課） 〜て／ないで（34課） 〜ように（36課） 〜ようにします（36課） 〜のは〜です（38課） 〜ので（39課） 〜て／で（理由）（39課） 疑問詞＋か（40課）　〜てみます（40課）	よかったことは〜ことです 問題は／問題なのは〜ことです 原因は〜からだと思います その調子で頑張ってください

システムトーキョー　　　　　　　　オーサカ自動車

サリ　　山下　森田　鈴木　斉藤　ナム

ユニット 1	標示の意味を調べる	Investigating the meaning of signs 调查标示的含义 Tra cứu ý nghĩa của các biển báo การค้นหาความหมายของคำศัพท์บนป้ายแสดง Memeriksa arti tanda

話題・場面 Subject, situation 话题・场合 Chủ đề - Tình huống เรื่อง/สถานการณ์ Topik dan Situasi	職場でよく目にする標示を確認する Checking signs often seen in the workplace 确认在现场经常看到的标示 Xác nhận các biển báo thường thấy tại nơi làm việc ตรวจดูป้ายแสดงที่พบเห็นบ่อยในสถานที่ปฏิบัติงาน Memastikan tanda-tanda yang sering terlihat di tempat kerja
タスクの目標 Task objectives 任务的目标 Mục tiêu của bài tập เป้าหมายของการฝึกหัด Tujuan Tugas	職場における標示の意味や漢字の読み方を様々な手段で調べ、理解することができる To be able to investigate the meanings of signs in the workplace and readings of kanji through various means, and to understand them　采用各种方法调查现场标示的含义和汉字的读法，并能够理解 Có thể hiểu được sau khi tra cứu ý nghĩa cũng như cách đọc Kanji của các biển báo ở nơi làm việc bằng nhiều phương thức khác nhau.　สามารถค้นหาความหมายหรือวิธีอ่านอักษรคันจิบนป้ายแสดงที่พบเห็นในสถานที่ปฏิบัติงาน และสามารถทำความเข้าใจความหมาย โดยการใช้วิธีต่าง ๆ ได้　Dapat memeriksa arti tanda dan cara membaca huruf kanji di tempat kerja dengan berbagai cara, dan memahaminya

 ウォーミングアップ

レベル3

あなたはきょう初めて研修をする会社へ来ました。あなたは「じむしょ」へ行きたいです。どうしますか。

3F　作業場
2F　事務所
1F　倉庫

調べるタスク1

ウォーミングアップの「作業場、事務所、倉庫」の読み方と意味を翻訳アプリで調べましょう。

 話し合いましょう

いつもどんな方法でことばを調べますか。グループで話しましょう。

 調べるタスク2

「話し合いましょう」で聞いた方法で①〜⑤のことばの読み方と意味を調べましょう。

例		①	
使用中	しょうちゅう in use occupied	作業中	
② 応接室		③ 休憩室	
④ 左右確認		⑤ 従業員用出入口	

2

会話練習

レベル3

1. 漢字の読み方と意味を聞く　➡【～と読みます／～という意味です】(33課)

A：すみません。

　　［①立入禁止］あの漢字は何と読むんですか。

B：「②たちいりきんし」と読みます。

A：どういう意味ですか。

B：③ここに入ってはいけないという意味です。

A：わかりました。ありがとうございました。

1）①火気厳禁

　　②かきげんきん

　　③火を使ってはいけません

2）①使用中

　　②しようちゅう

　　③今、使っています

便利な表現

レベル3

1.【～と書いてあります】(33課)

・あそこに「撮影禁止」と書いてありますよ。ですから、写真を撮ってはいけません。

・「故障」と書いてありますよ。壊れていますから、使えません。

・あ、危ない！ やけどしますよ。ここに「高温注意」と書いてあります。

・あ、「立入禁止」と書いてありますよ。ですから、ここに入ってはいけません。

2.【～と読みます】(33課)【～という意味です】(33課)

・［作業中］この漢字は「さぎょうちゅう」と読みます。今作業しているという意味ですよ。

・［撮影禁止］この漢字は「さつえいきんし」と読みます。写真を撮ってはいけないという意味ですよ。気をつけてください。

・［点検中］この漢字は「てんけんちゅう」と読みます。点検しているという意味ですよ。ですから、今は使えません。

ユニット 2 ルールやマナーの 説明を聞く

Listening to explanations of rules and etiquette
听规则和礼仪的说明
Nghe giải thích về các quy tắc và cách ứng xử
การฟังคำอธิบายเกี่ยวกับกฎระเบียบและมารยาท
Mendengarkan penjelasan tentang aturan dan tata krama

話題・場面 Subject, situation 话题・场合 Chủ đề - Tình huống เรื่อง/สถานการณ์ Topik dan Situasi	研修初日に社内のルールや基本的なマナーについて説明を受ける Receiving an explanation of internal rules and basic etiquette on the first day of training 在培训的第一天接受公司内部规则和基本礼仪的说明 Được giải thích về các quy tắc và cách ứng xử cơ bản trong công ty vào ngày đầu thực tập ฟังการอธิบายเกี่ยวกับกฎระเบียบและมารยาทขั้นพื้นฐานของบริษัทในวันแรกของการฝึกอบรม Menerima penjelasan tentang aturan di dalam perusahaan dan tata krama dasar di hari pertama pelatihan
タスクの目標 Task objectives 任务的目标 Mục tiêu của bài tập เป้าหมายของการฝึกหัด Tujuan Tugas	注意事項やルールの説明を聞いて、理解することができる To be able to listen to and understand explanations of important points and rules 听注意事项和规则的说明，并能够理解 Có thể hiểu được khi nghe giải thích về các mục cần chú ý và quy tắc. สามารถฟังการอธิบายข้อควรระวังหรือกฎระเบียบแล้วทำความเข้าใจได้ Dapat mendengarkan penjelasan tentang aturan dan hal-hal yang harus diperhatikan dan dapat memahaminya

 ウォーミングアップ

レベル3

あなたは、きょう初めて研修先の企業に来ました。これから研修担当者が社内の説明をします。初めて社内の説明を聞くとき、あなたはどんなことが知りたいですか。

 聞くタスク1

^{すずき}鈴木さんがナムさんに^{はな}話します。^{どうが}動画を^み見て、^{かいしゃ}会社のルールやマナーを^か書きましょう。

レベル3 ▶01

1. ロッカールームで レベル3 ▶02

2. ^{こうじょう}工場で レベル3 ▶03

3. ^{しょくどう}食堂で レベル3 ▶04

4. ^{こうじょう}工場で レベル3 ▶05

聞くタスク２

レベル３

もう一度、動画を見ましょう。▶01

1. ロッカールームで鈴木さんがナムさんに説明をしています。大切なこと（注意や
   ルール）は何ですか。▶02

- （①　　　　　　　　　　　　　　　　）までに工場へ来る
- 時間（②　　　　　　　　　　　　）
- ロッカーの（③　　　　　　　　　　　　　）を（④　　　　　　　　　　　　　　　）ようにする

---

2. 工場で鈴木さんがナムさんに説明をしています。大切なこと（注意やルール）
   は何ですか。▶03

- 工場では絶対にたばこを（①　　　　　　　　　　　　　　　　　）
- たばこは（②　　　　　　　　　　　　　）で吸う
- 工場では（③　　　　　　　　　　　）禁止
- 大きい機械に（④　　　　　　　　　　　　）

---

3. 食堂で鈴木さんがナムさんに説明をしています。▶04
① 食堂の料理を食べたいときは、どうしたらいいですか。

- -

② 食堂で勉強してもいいですか。

- -

4. 工場で鈴木さんがナムさんに説明をしています。大切なこと（注意やルール）
   は何ですか。▶05

- 使った（①　　　　　　　　　　　　）は（②　　　　　　　　　　　　　）に戻す
- 工場では（③　　　　　　　　　　）が大切
- （④　　　　　　　　　　　　）を書く
- 朝礼に（⑤　　　　　　　　　　　）ないようにする
- 遅刻するときは（⑥　　　　　　　）までに（⑦　　　　　　　　　　　　）に連絡する

7

会話練習

レベル3

1. 注意をする

A：あ、危ない。①機械の下に手を入れると、

②けがをしますよ。

B：はい。

A：絶対に①手を入れないようにしてください。

B：わかりました。気をつけます。

2. 指示をする

A：きょうはありがとうございました。

B：お疲れさまでした。

A：①工具を使ったら、②元の所に戻して

おいてください。

B：はい、わかりました。

➔【～ようにしてください】(36課)

1) ①これに触ります

②やけどをします

2) ①無理にレバーを押します

②機械が故障します

➔【～ておきます】(30課)

1) ①作業が終わります

②きれいに掃除します

2) ①日報を書きます

②課長にもメールで

送ります

📖 便利な表現

レベル3

1.【〜ながら】（28課）

- マニュアルを見ながら、機械を操作します。
- みんなで協力しながら、作業を行います。
- 見本を見ながら、見積書を作成します。
- 話しながら、機械を操作してはいけません。

2.【〜ておきます】（30課）

- 工具を使ったら、片づけておきます。
- 作業が終わったら、工具をしまっておきます。
- まだ使いますから、工具はそのままにしておいてください。
- わたしが片づけますから、工具はそこに置いておいてください。
- あとで組み立てますから、部品はそこに並べておいてください。

3.【〜ようにしてください】（36課）

- トラブルがあったら、必ず相談するようにしてください。
- 機械の不具合を見つけたら、必ず報告するようにしてください。
- 納期に間に合わないときは、すぐ連絡するようにしてください
- ミーティングに間に合わないときは、必ず連絡するようにしてください。

ユニット 3	災害時のアナウンスを聞く	Listening to disaster announcements 听灾害时的广播 Nghe thông báo khi có thảm họa การฟังประกาศเมื่อเกิดภัยพิบัติ Mendengarkan pengumuman pada saat bencana

話題・場面 Subject, situation 话题・场合 Chủ đề - Tình huống เรื่อง/สถานการณ์ Topik dan Situasi	災害時のアナウンスを聞く Listening to disaster announcements 听灾害时的广播 Nghe thông báo khi có thảm họa ฟังประกาศเมื่อเกิดภัยพิบัติ Mendengarkan pengumuman pada saat bencana
タスクの目標 Task objectives 任务的目标 Mục tiêu của bài tập เป้าหมายของการฝึกหัด Tujuan Tugas	災害発生を知らせるアナウンスから必要な情報を聞き取ることができる To be able to understand necessary information in announcements of disasters 可从通知灾害发生的广播听取必要的信息 Có thể nghe và nắm được những thông tin cần thiết từ thông báo cho biết thảm họa xảy ra. สามารถฟังข้อมูลที่จำเป็นจากการประกาศแจ้งเหตุภัยพิบัติและทำความเข้าใจได้ Dapat menangkap informasi yang diperlukan dari pengumuman yang menginformasikan terjadinya bencana

ウォーミングアップ

レベル3

1. 日本語で何ですか。

① (   )

② (   )

③ (   )

④ (   )

⑤ (   )

⑥ (   )

ウォーミングアップ

レベル3

2. 何_{なに}をしますか。

①

②

③

・

・

・

・

・

・

鼻_{はな}と口_{くち}をタオルで押_おさえます

雨戸_{あまど}を閉_しめます

机_{つくえ}の下_{した}に入_{はい}ります

 聞_きくタスク1

レベル3

仕事_{しごと}のとき、急_{きゅう}にアナウンスが聞_きこえました。このアナウンスは何_{なん}のお知_しらせですか。

▢から選_{えら}んで、（　　　）に書_かきましょう。

津波_{つなみ}	火事_{かじ}	洪水_{こうずい}	地震_{じしん}	台風_{たいふう}	大雨_{おおあめ}

🔊01　①（　　　　　　　　　　）

🔊02　②（　　　　　　　　　　）

🔊03　③（　　　　　　　　　　）

12

聞くタスク2

レベル3

1. 仕事中に、急にアナウンスが聞こえてきました。このアナウンスは何のお知らせですか。□から選んで、（　　　）に書きましょう。

| 津波 | 火事 | 洪水 | 地震 | 台風 | 大雨 |

🔊04　1）（　　　　　　　　）　🔊05　2）（　　　　　　　　）

2. アナウンスを聞いた人は何をしなければなりませんか。（　　　）にことばを書きましょう。

1）早めに（①　　　　　　　　）なければなりません。

必ず（②　　　　　　　　）を切らなければなりません。

（③　　　　　　　　）帰らなければなりません。

2）（①　　　　　　　　）から建物の外に逃げなければなりません。

（②　　　　　　　　）を使わなければなりません。

（③　　　　）を吸わないように、（④　　　　　）を低くしなければなりません。

（⑤　　　　）と（⑥　　　　　）をタオルで押さえなければなりません。

3. 仕事中に、急にアナウンスが聞こえてきました。このアナウンスは何のお知らせですか。□から選んで、（　　　）に書きましょう。

| 津波 | 火事 | 洪水 | 地震 | 台風 | 大雨 |

🔊06　1）（　　　　　　　　）　🔊07　2）（　　　　　　　　）

4. アナウンスを聞いた人は何をしなければなりませんか。（　　　）にことばを書きましょう。

1）（①　　　　　　　　）に気をつけなければなりません。

壊れた建物や（②　　　　　　　　）などに気をつけなければなりません。

火が（③　　　　　　　　）かどうか、確かめなければなりません。

2）（①　　　　　　）や（②　　　　　　　）の近くから離れなければなりません。

（③　　　　　　　　）へ避難しなければなりません。

これからのアナウンスに（④　　　　　　　　　　）なければなりません。

レベル3

1. 災害時の行動について注意する1 　　　　　　　　　　➡【～かもしれません】(32課)

A：①火を使うと危ないです。

　　②火事になるかもしれません。

　　③懐中電灯を使ってください。

B：わかりました。③懐中電灯はどこに

　　ありますか。

A：あそこです。気をつけてください。

1) ①エレベーターを使います

　　②止まります

　　③非常階段

2) ①ここから外へ行きます

　　②けがをします

　　③非常口

2. 災害時の行動について注意する2 　　　　　　　　　　➡【～ので】(39課)

A：今、①台風が近付いています。

　　②機械が故障するので、

　　③機械の電源を切ってください。

B：はい、わかりました。

1) ①電車が止まります

　　②帰れない人は、ホテルを

　　　準備します

　　③総務部まで連絡します

2) ①電話回線が混みます

　　②たぶん、携帯電話は

　　　使えません

　　③公衆電話を使います

3. 災害時の指示を仰ぐ 　　　　　　　　　　　　　　　➡【～場合は】(45課)

A：①地震が起きた場合は、どうしたらいいですか。

B：すぐに②机の下に入ってください。

　　それから、③非常階段で、避難してください。

A：はい。わかりました。

B：いつでもすぐできるようにしておくことが

　　大切です。

A：わかりました。

1) ①火事が起きました

　　②煙を吸わないように

　　　します

　　③落ち着いて避難します

2) ①津波が来ます

　　②高い所へ避難します

　　③海や川に近寄りません

📖 便利な表現

レベル3

1.【〜かもしれません】(32課)
- 地震が起こったあと、津波が来るかもしれません。これからのアナウンスに注意してください。
- 津波は1回だけではありません。何回も来るかもしれません。
- 火事を知らない人がいるかもしれません。大きい声で「火事だ!」と言ってください。
- 停電になるかもしれませんから、パソコンの電源を切ってください。
- 電車で帰る人は、これから電車が止まるかもしれませんから、きょうは早くうちへ帰ってください。

2.【〜ので】(39課)
- エレベーターは危ないので、階段を使ってください。
- 地震のあと、エレベーターは止まるので、使わないでください。
- 今、携帯電話は使えないので、公衆電話を使ってください。

3.【〜て/で(理由)】(39課)
- 台風で、木などが倒れるかもしれないので、気をつけて帰ってください。
- 地震で、今新幹線は運転を見合わせています。運転再開まで時間がかかるかもしれません。

4.【〜場合は】(45課)
- 火事が起きた場合は、非常口から建物の外へ逃げてください。
- 地震の場合は、すぐに机の下に入ってください。

3

工場見学の説明を聞く
こうじょうけんがく　せつめい　き

Listening to explanations on plant tours
听工厂参观的说明
Nghe giải thích khi tham quan nhà máy
การฟังคำอธิบายในการนำชมโรงงาน
Mendengarkan penjelasan saat studi tur ke pabrik

話題・場面 わだい　ばめん Subject, situation 话题・场合 Chủ đề - Tình huống เรื่อง/สถานการณ์ Topik dan Situasi	指導員に実習する工場を案内してもらい、説明を受ける しどういん　じっしゅう　こうじょう　あんない　せつめい　う Receiving from the instructor an introduction to and explanation of the plant where training will take place 请指导员陪同参观要实习的工厂，接受说明 Được người hướng dẫn giới thiệu và giải thích về nhà máy sẽ thực tập ฟังคำอธิบายในการนำชมโรงงานที่จะฝึกอบรมจากผู้สอนงาน Dipandu oleh pembimbing ke pabrik tempat pemagangan dan menerima penjelasan
タスクの目標 もくひょう Task objectives 任务的目标 Mục tiêu của bài tập เป้าหมายของการฝึกหัด Tujuan Tugas	見学先の説明を聞きながら、全体の工程と必要な情報が理解 けんがくさき　せつめい　き　ぜんたい　こうてい　ひつよう　じょうほう　りかい できる To be able to understand overall processes and necessary information when listening to explanations on tours　可边听参观之地的说明，边理解整个工序和必要的信息　Có thể hiểu rõ toàn bộ quy trình và những thông tin cần thiết trong khi nghe giải thích về nơi tham quan.　สามารถฟังคำอธิบายเกี่ยวกับการนำชมสถานที่ และทำความเข้าใจข้อมูลที่จำเป็น และกระบวนการของงานโดยรวมได้　Dapat memahami proses keseluruhan dan informasi yang diperlukan sambil mendengarkan penjelasan di tempat studi tur

4

 ウォーミングアップ

レベル3

1. あなたは工場を見学したことがありますか。{ はい ・ いいえ }
こうじょう　けんがく

2. どんなことに気をつけて説明を聞きますか。
き　せつめい　き

 聞くタスク1

レベル3

ナムさんは先週から自動車メーカーで実地研修に参加しています。ナムさんの担当はエンジンですが、組立工場へ見学に来ました。必要なことをメモしながら、説明を聞きましょう。

	工程	ポイント
🔊08	初めの話	
🔊09	プレス	
🔊10	溶接	
	塗装	
	組立	
🔊11	検査 OK!	

18

聞くタスク２

レベル３

「聞くタスク１」のメモを見て、（　　　）に答えを書きましょう。｛　　｝の中は、ロボットか、人か、どちらもか、選びましょう。そのあと、もう一度説明を聞きましょう。

	工程（こうてい）	ポイント
◀))08	初（はじ）めの話（はなし）	• この工場（こうじょう）は１年間（ねんかん）に約（やく）（①　　　　　　　）台（だい）の車（くるま）を作（つく）っている • この工場（こうじょう）は約（やく）（②　　　　　　）人（にん）が働（はたら）いている
◀))09	プレス	• （③　　　　　）板（いた）で部品（ぶひん）を作（つく）る → （④　　　　　）車（くるま）を作（つく）ることができる • １分間（ぶんかん）に（⑤　　　　　）枚（まい）の部品（ぶひん）を作（つく）る • プレス作業（さぎょう）は｛⑥　ロボット　・　人（ひと）　｝がする • 品質（ひんしつ）チェックは｛⑦　ロボット　・　人（ひと）　｝がする
◀))10	溶接（ようせつ）	• 溶接（ようせつ）は｛⑧　ロボット　・　人（ひと）　｝が作業（さぎょう）する
	塗装（とそう）	• 塗装（とそう）は｛⑨　ロボット　・　人（ひと）　｝が作業（さぎょう）する
	組立（くみたて）	• 組立（くみたて）は｛⑩　ロボット　・　人（ひと）　｝が作業（さぎょう）する • （⑪　　　　　）点（てん）の部品（ぶひん）がある
◀))11	検査（けんさ）	• 検査（けんさ）は｛⑫　ロボット　・　人（ひと）　｝がする • 時速（じそく）120キロで（⑬　　　　　）して、安全性（あんぜんせい）を確認（かくにん）する • 検査（けんさ）の項目（こうもく）：（⑭　　　　　）～（⑮　　　　　　）

会話練習

レベル3

1. 生産台数を伝える　　　　　　　　　　　　　　　➡【〜んです】(26課)

A：この工場では、①1年に
　　約②24万台の車を作っているんです。

B：②24万台ですか。③多いですね。

1）①1か月　②2万台
　　③すごいです

2）①1時間　②60台
　　③速いです

便利な表現

レベル3

1.【〜ので】(39課)【〜ことができます】(18課)【〜んです】(26課)
- 強くて軽い板を使っているので、丈夫な車を作ることができるんです。
- 厳しい検査をしているので、安全性の高い車を作ることができるんです。

2.【〜ところです】(46課)
- 今、プレス機を使って、車の部品を作っているところです。
- 今、品質チェックをしているところです。
- 今、ロボットが溶接をしているところです。
- 今、車を運転して検査しているところです。

予定や指示を聞く

Listening to plans and instructions
听计划和指示
Nghe chỉ thị và kế hoạch
การฟังกำหนดการและคำสั่งงาน
Mendengarkan rencana dan instruksi

話題・場面 Subject, situation 话题・场合 Chủ đề - Tình huống เรื่อง/สถานการณ์ Topik dan Situasi	朝礼でその日の予定や指示を聞く Listening to the day's plans and instructions in morning meetings 在早会时听当天的计划和指示 Nghe các chỉ thị và kế hoạch của ngày hôm đó vào buổi lễ chào buổi sáng ฟังกำหนดการและคำสั่งงานของวันนั้นในการประชุมเช้า Mendengarkan rencana hari itu dan instruksi pada apel pagi
タスクの目標 Task objectives 任务的目标 Mục tiêu của bài tập เป้าหมายของการฝึกหัด Tujuan Tugas	同じ部署の人の予定や指導員・上司の指示を聞いて理解できる To be able to listen to and understand the plans of others in the same workplace and the instructions of instructors and superiors 听同部门的人的计划和指导员、上司的指示，并能够理解 Có thể hiểu được khi nghe kế hoạch của những người trong cùng bộ phận và các chỉ thị của người hướng dẫn và cấp trên. สามารถฟังและทำความเข้าใจกำหนดการของคนในแผนกเดียวกัน รวมทั้งคำสั่งงานของผู้ฝึกสอนหรือหัวหน้าได้ Dapat mendengarkan rencana dari orang di departemen yang sama maupun instruksi dari pembimbing/atasan dan memahaminya

5

 ウォーミングアップ

レベル3

1. 「朝礼」をしたことがありますか。{ はい ・ いいえ }
2. 1. で「はい」の人は、朝礼で何をしましたか。

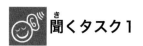 聞くタスク1

レベル3 ▶ 06

開発課の森田課長が山下さん、サリさんと朝礼をしています。何を話していますか。

メモをしましょう。

【メモ】

1. 森田課長

2. 山下さん

3. サリさん

聞くタスク2

もう一度、動画を見ましょう。

1. 森田課長はきょう何をしますか。正しいものに○、正しくないものに×を書きましょう。

①プロジェクト計画を作ってから、山下さんと打ち合わせをします。 （　　　）
②外出します。 （　　　）
③4時から営業課と打ち合わせをします。 （　　　）

2. 山下さんはきょう何をしますか。正しいものに○、正しくないものに×を書きましょう。

①午前に外出をして、午後会社に戻ります。 （　　　）
②サリさんと打ち合わせをします。 （　　　）
③午後はコスト計画を作ります。 （　　　）

3. サリさんはきょう何をしますか。□□□に書きましょう。

5

23

会話練習

レベル3

1．予定を伝える

A： 朝礼を始めましょう。

　　Bさん、きょうの予定をお願いします。

B：午前は①9時半から、営業課と打ち合わせの

　　予定です。

　　それからプロジェクト計画を作ります。

　　午後は外で会議があるので、

　　②4時から外出する予定です。

➡【～予定です】(31課)

1) ① 10時半から工場で安全

　　チェックをします

　　② 2時ごろ会社を出ます

2) ① 10時からテレビ会議を

　　します

　　②事務所には戻りません

便利な表現

レベル3

1．【～と言っていました】(33課)

・サリさんは10分ぐらい遅刻すると言っていました。

・課長はあした東京へ出張すると言っていました。

・佐藤さんは部品が欠品していると言っていました。

2．【～ので】(39課)

・電車のトラブルがあったので、10分ぐらい遅刻します。

・横浜機械で打ち合わせがあるので、外出します。

・きょうサリさんはお休みなので、会議はあしたにしましょう。

・出張の予定が入ったので、来週月曜日の会議は欠席します。

わ だい ば めん 話題・場面 Subject, situation 话题・场合 Chủ đề - Tình huống เรื่อง/สถานการณ์ Topik dan Situasi	ちょうれい ひ よ てい きょうゆう 朝礼でその日の予定を共有する Sharing the day's plans in morning meetings 在早会时共享当天的计划 Chia sẻ kế hoạch ngày hôm đó cho mọi người vào buổi lễ chào buổi sáng แจ้งกำหนดการของวันนั้นให้ทราบร่วมกันในการประชุมเช้า Membagikan rencana hari itu pada apel pagi
もくひょう タスクの目標 Task objectives 任务的目标 Mục tiêu của bài tập เป้าหมายของการฝึกหัด Tujuan Tugas	ちょうれい じ ぶん こうどうよ てい どうりょう きょうゆう 朝礼で自分の行動予定をチームのメンバー（同僚）と共有す ることができる To be able to share your own action plans with team members (colleagues) in morning meetings 可在早会上将自己的行动计划与小组的成员（同事）共享 Có thể chia sẻ dự định công việc của mình với các thành viên trong nhóm (đồng nghiệp) trong buổi họp đầu ngày. สามารถแจ้งกำหนดการปฏิบัติงานของตัวเองให้กับสมาชิกในทีม (เพื่อนร่วมงาน) ให้ทราบร่วมกันได้ Dapat memberitahukan rencana kegiatan diri sendiri kepada anggota tim (rekan kerja) pada apel pagi

 ウォーミングアップ

レベル3

このユニットでは「朝礼」で話す練習をします。どうして、日本の会社では朝礼
をすると思いますか。

6

🔊 聞きましょう

開発課の森田課長が、山下さん、サリさんと朝礼をします。動画を見ましょう。

1. 山下さんは、何と言いましたか。（　　　）に書きましょう。

午前は、課長との打ち合わせ後に、（①　　　　　　　　　）で（②　　　　　　　　　）
があるので、外出します。（③　　　　　　　　）に戻る予定です。
午後は（④　　　　　　　　）を作ります。
以上です。

---

2. サリさんは、何と言いましたか。（　　　）に書きましょう。

わたしはきのうから始めた（①　　　　　　　　）がまだ完成していないので、
きょうも続けようと思っています。（②　　　　　　　）までに一度（③　　　　　　　　）
にメールで送りますから、確認していただけませんか。
（④　　　　　　　　）があればやり直して、あしたには出せるようにします。
以上です。

 **話すタスク**

レベル3

1.

やました
山下さん

午前は横浜機械で打ち合わせがあるので、外出します。
午後はコスト計画を作ります。
以上です。

山下さんのように、朝礼で予定を話す練習をしましょう。

あなたの予定

あなた

午前は＿＿＿＿＿＿＿＿＿＿＿ので、＿＿＿＿＿＿＿＿＿＿＿＿。
午後は＿＿＿＿＿＿＿＿＿＿＿＿＿＿＿＿＿＿＿＿＿＿。
以上です。

6

2.

サリさん

わたしはきのうからはじめた工程表がまだ完成していないので、
きょうも続けようと思っています。
問題があればやり直して、あしたには出せるようにします。
以上です。

サリさんのように、朝礼で予定を話す練習をしましょう。

あなたの予定

あなた

わたしは＿＿＿＿＿＿＿＿＿＿＿＿＿＿＿＿ので、
＿＿＿＿＿＿＿＿＿＿＿＿＿＿＿と思っています。
＿＿＿＿＿＿＿＿＿＿＿＿＿＿＿ようにします。
以上です。

27

会話練習

レベル3

1. 進捗と予定を伝える　　　　　　　　➡【まだ～ていません】（31課）

　　　　　　　　　　　　　　　　　　　【～（よ）うと思っています】（31課）

A：①工程表はもう②できましたか。　　1）①トラブルの報告

B：いいえ、まだ②できていません。　　　　②します

　　③3時までに書いて、出そうと思っています。　③きょうの午後します

A：わかりました。　　　　　　　　　2）①会議の資料

　　　　　　　　　　　　　　　　　　　②送ります

　　　　　　　　　　　　　　　　　　　③あしたまでに送ります

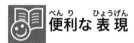

便利な表現

レベル3

1.【～（よ）うと思っています】（31課）
- 工程表がまだ完成していないので、きょうも続けようと思っています。
- 議事録をまだ書いていないので、書こうと思っています。
- コスト計画について課長にまだ話していないので、打ち合わせをしようと思っています。

2.【～ように】（36課）
- 工程表はあしたには出せるようにします。
- 来週には検査を自分でできるようにします。
- 報告書が漢字で書けるように頑張ります。

ユニット **7** よ てい かくにん
予定を確認する

わ だい ば めん 話題・場面 Subject, situation 话题・场合 Chủ đề - Tình huống เรื่อง/สถานการณ์ Topik dan Situasi	けんしゅう よ てい たんとうしゃ かくにん 研修の予定について担当者に確認する Sharing the day's plans for training with the persons in charge 关于培训的计划向担当者确认 Xác nhận với người hướng dẫn về kế hoạch thực tập ตรวจสอบยืนยันกำหนดการฝึกอบรมกับผู้ฝึกสอน Memastikan rencana pelatihan kepada penanggung jawab yang menangani
も くひょう タスクの目標 Task objectives 任务的目标 Mục tiêu của bài tập เป้าหมายของการฝึกหัด Tujuan Tugas	しつもん き ないよう かくにん わからないことを質問したり、聞いた内容を確認したりすること ができる To be able to ask questions about things you do not understand and to check the content of what you are told 可提问不明白的地方，以及确认听过的内容 Có thể hỏi về những điều bạn không biết, hoặc xác nhận nội dung những gì bạn đã nghe. สามารถสอบถามในเรื่องที่ยังไม่เข้าใจ และตรวจสอบยืนยันเนื้อหาที่ได้รับฟังได้ Dapat menanyakan hal yang tidak dimengerti dan memastikan hal yang didengar

 ウォーミングアップ

レベル3

けんしゅうたんとうしゃ よ てい はなし
研修担当者があしたの予定の話をします。

あなた（ナムさん）　　　鈴木さん

1. けんしゅうたんとうしゃ い いち ど かくにん
研修担当者が言ったことがわかりませんでした。もう一度確認したいとき、どう
き
やって聞きますか。
2. けんしゅうたんとうしゃ い たいせつ じょうほう いち ど かくにん
研修担当者が言ったことがわかりました。大切な情報をもう一度確認したいと
き
き、どうやって聞きますか。

 **話すタスク1**

1. わからなかったことばを聞きましょう。

例 🔊12

> あしたは8時半に事務所へ来てください。

鈴木さん

ナムさん

> 1）あのう、すみません。時間をもう一度お願い
>   できますか。
> 2）あのう、すみません。時間は8時半でよろしい
>   でしょうか。

①～⑤を聞いて、例のようにわからなかったことを聞きましょう。

① 🔊13　② 🔊14　③ 🔊15　④ 🔊16　⑤ 🔊17

2. 大切な情報をもう一度確認しましょう。

例 🔊18

> あしたは8時半に事務所へ来てください。

鈴木さん

> 8時半に事務所ですね。わかりました。

ナムさん

①～⑤を聞いて、例のように確認しましょう。

① 🔊19　② 🔊20　③ 🔊21　④ 🔊22　⑤ 🔊23

話すタスク２

[レベル３]

1. 研修 担当者の 話 を聞きます。どの「あいづち」がいいですか。

いい「あいづち」に○、よくない「あいづち」に×を書きましょう。

🔊24

① (　　　) ② (　　　) ③ (　　　)

④ (　　　) ⑤ (　　　) ⑥ (　　　)

⑦ (　　　)

2. 研修 担当者があなたに研修 計画書を見せます。それから予定を話します。

しかし、書類の一部がわかりません。どうしますか。

9月～10月	 例 衣迎 実習	研修 場所：名古屋工 場 指導 員：伏木 [製造部] 宿 舎：寮　　①

11月～3月	② 枞旦 実習 成果報告会議	研修 場所：名古屋工 場 、東京工 場 指導 員：中村 [技術部] 宿 舎：名古屋…寮　　③ 東京…ホテル

例　🔊25

ナムさん

すみません。9月 から10月 は何の実 習 ですか。
ちょっと印刷が見えなくて……。

上の①～③について、例のように、わからないことを聞きましょう。

ナムさん

すみません。＿＿＿＿＿＿＿＿＿＿＿＿＿＿か。
ちょっと＿＿＿＿＿が＿＿＿＿＿＿……。

7

 **会話練習**

レベル3

1. 疑問点について質問する   → 【疑問詞＋か】(40課)

A：すみません、これは①作業計画書なんですが、

   私はまだ漢字がよくわからなくて……。

   ②この漢字は何と読むか、教えて

   いただけませんか。

B：いいですよ。

1) ①研修予定表

   ②どんな内容ですか

2) ①検査表

   ②どこにチェックしますか

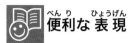 **便利な表現**

レベル3

1. 【これでいいですか】(34課)

- 部品を加工しましたが、これでいいですか。
- 見積書を書き直したんですが、これでいいですか。

使い方について質問する

^{つか} ^{かた} ^{しつもん}

Asking about how to use things
就使用方法提问
Hỏi về cách sử dụng
การสอบถามวิธีการใช้งาน
Bertanya mengenai cara penggunaaan mesin

話題・場面 わだい・ばめん Subject, situation 话题・场合 Chủ đề - Tình huống เรื่อง/สถานการณ์ Topik dan Situasi	質問して、わからないことを解決する しつもん Asking questions and resolving things you do not understand 进行提问，解决不明白的地方 Hỏi để giải đáp những điều bạn không biết สอบถามและแก้ไขปัญหาในเรื่องที่ไม่เข้าใจ Menyelesaikan hal-hal yang tidak dimengerti dengan bertanya
タスクの目標 もくひょう Task objectives 任务的目标 Mục tiêu của bài tập เป้าหมายของการฝึกหัด Tujuan Tugas	自分の質問の意図を明確に伝えたり、わからないことをもう一度 じぶん　しつもん　いと　めいかく　つた　　　　　　　　　　　　　　　　　　いちど 質問したりすることができる しつもん To be able to communicate clearly the intent of your own questions and to ask further questions on things you do not understand　可明确地传达自己提问的意图，再次提问不明白的地方　Có thể truyền đạt rõ ràng ý định trong câu hỏi của bản thân, hoặc hỏi lại một lần nữa về những điều bạn không biết. สามารถสื่อถึงเจตนาของคำถามที่ตัวเองถามได้อย่างชัดเจน และสามารถถามซ้ำเมื่อยังไม่เข้าใจได้ Dapat menyampaikan maksud pertanyaan sendiri secara jelas atau bertanya sekali lagi untuk hal yang tidak dimengerti

 ウォーミングアップ

レベル3 ▶08 ▶09

あなたはサリさんです。サリさんになったと思って、動画を見ましょう。
^{おも}　　　　　　^{どうが} ^み

1．サリさんは、何がわかりませんか。
^{なに}

2．サリさんは、どうしたらいいですか。

8

レベル3

イラストを見ながら練習をしましょう。

例　A：すみません。①コピーはどうやって②するんですか。

　　B：これをこうして、こうします。

　　A：はい。やり方を覚えたいので、わたしがもう一度②してみてもいいですか。

　　B：どうぞ。

例　①コピー　②します

1．①両面コピー　②します

2．①日本語入力　②します

3．①プロジェクター　②つけます

レベル3

イラストを見ながら練習をしましょう。

例　A：すみません。①コピーはどうやって②するんですか。

　　B：簡単ですよ。これをこうして、こうするだけです。

　　A：あのう……すみません。③これじゃなくて……

　　　　④両面コピーがしたいんですが……。

　　B：あ、そうでしたか。すみません。

　　A：いいえ。

例　①コピー　②します　③これ　④両面コピーがしたい

1．①両面コピー　②します　③白黒　④カラーコピーがしたい

2．①エアコン　②つけます　③送風　④冷房にしたい

3．①入力　②します　③英語　④日本語入力にしたい

8

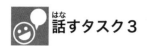

話すタスク3

レベル3

イラストを見ながら練習をしましょう。

例 A：すみません。①日報のファイルがどこにあるか、教えていただけませんか。

B：①日報のファイルは……ここです。

A：ありがとうございます。……あのう……この②フォルダの中の……これですか。

B：はい、そうです。

例 ①日報のファイル　②フォルダの中の

1.　①週報のファイル　②デスクトップ上の

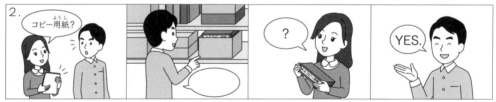

2.　①コピー用紙　②箱の中の

3.　①プリンターのトナー　②キャビネットの中の

会話練習

レベル3

1. 丁寧に頼む

➜【～んですが、～ていただけませんか】(26課)

A：あのう、すみません。

B：はい、何ですか。

A：①<u>コピー機の使い方がわからない</u>んですが、
　　②<u>教えて</u>いただけませんか。

B：いいですよ。

A：ありがとうございます。

1) ①報告書を書きました
　　②ちょっと見ます

2) ①図面をかきました
　　②確認します

2. 助けを求める

➜【～んですが、どうすればいいですか】(35課)

A：①<u>コピーの字がちょっと薄い</u>んですが、
　　どうすればいいですか。
　　やってみたんですが、②<u>できない</u>んです。

B：ああ、このボタンを押せば、できますよ。

A：わかりました。ありがとうございます。

1) ①サイズを変えたいです
　　②変えられません

2) ①ホッチキスで資料を
　　まとめたいです
　　②できません

3) ①字を大きくしたいです
　　②大きくなりません

8

便利な表現

📖 便利な表現

レベル3

1.【～んですが、～ていただけませんか】(26課)

・操作がわからないんですが、教えていただけませんか。

・サイズを変えたいんですが、どのボタンを押すか、教えていただけませんか。

・A3をA4にしたいんですが、どうやってやるか、見せていただけませんか。

2.【～んですが、どうすればいいですか】(35課)

・A3をA4にしたいんですが、どうすればいいですか。

・字を大きくしたいんですが、どうすればいいですか。

・色を濃くしたいんですが、どうすればいいですか。

体調不良を伝える
たいちょう ふ りょう つた

Communicating when you do not feel well
告知身体不舒服
Báo cáo tình trạng sức khỏe không tốt
การแจ้งอาการป่วยไข้ไม่สบาย
Melaporkan kondisi fisik yang tidak sehat

話題・場面 わだい ばめん Subject, situation 话题・场合 Chủ đề - Tình huống เรื่อง/สถานการณ์ Topik dan Situasi	担当者に体調不良やけがの様子を伝える たんとうしゃ たいちょうふりょう ようす つた Telling the persons in charge how you are unwell or injured 告知担当者身体不舒服或受伤的情况 Báo cáo tình trạng sức khỏe không tốt hoặc tình trạng thương tích cho người phụ trách แจ้งอาการป่วยหรืออาการบาดเจ็บต่อผู้รับผิดชอบ Menyampaikan kondisi fisik yang tidak sehat atau cedera kepada penanggung jawab yang menangani
タスクの目標 もくひょう Task objectives 任务的目标 Mục tiêu của bài tập เป้าหมายของการฝึกหัด Tujuan Tugas	体調不良やけがの様子を伝えることができる たいちょうふりょう ようす つた To be able to communicate how you are unwell or injured 可告知身体不舒服和受伤的情况 Có thể báo cáo tình trạng sức khỏe không tốt hoặc tình trạng thương tích. สามารถบอกอาการป่วยหรืออาการบาดเจ็บได้ Dapat menyampaikan kondisi fisik yang tidak sehat atau cedera

 ウォーミングアップ

レベル3

1. 日本語で何と言いますか。
にほんご なんい

① (　　　) が痛いです
いた

② (　　　) が痛いです
いた

③ (　　　) が痛いです
いた

④ (　　　) が悪いです
わる

⑤ (　　　) をしました

⑥ (　　　) をしました

⑦ (　　　) をひきました

⑧ (　　　) があります

⑨ (　　　) が出ます
で

2. 体調が悪いとき、どうやって指導員や上司に伝えますか。
たいちょう わる しどういん じょうし つた

🔊 聞きましょう

レベル3

[場面1] 🔊26

1. ナムさんは体の調子が悪いです。
   どのように悪いですか。

- -

2. 正しいものに○、正しくないものに×を書きましょう。

①ナムさんはけさからのどが痛いです。　　　　　　　　　　（　　　）

②ナムさんは午後の打ち合わせに出ません。　　　　　　　　（　　　）

[場面2] 🔊27

1. ナムさんはけがをしました。どんなけがですか。

- -

2. 正しいものに○、正しくないものに×を書きましょう。

①ナムさんは斉藤さんに薬を買ってもらいました。　　　　　（　　　）

②ナムさんは、どうしてやけどをしてしまったか報告書を書かなければなりません。

　　　　　　　　　　　　　　　　　　　　　　　　　　　　（　　　）

話すタスク

レベル3

1. あなたが研修先や職場で体調が悪かったら、どう話しますか。
下の例を見て、あなたならどんな体調不良になるか、考えてみましょう。

例

体調不良について伝えましょう。

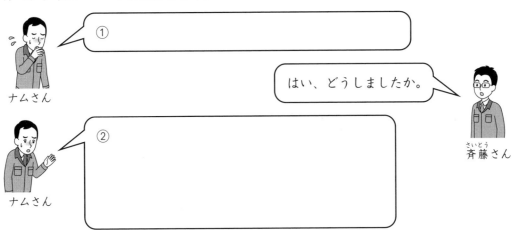

ナムさん ①

はい、どうしましたか。

斉藤さん

ナムさん ②

2. あなたが研修先や職場でけがをしたら、どう話しますか。
　　下の例を見て、あなたならどんなけがをするか、考えてみましょう。

例

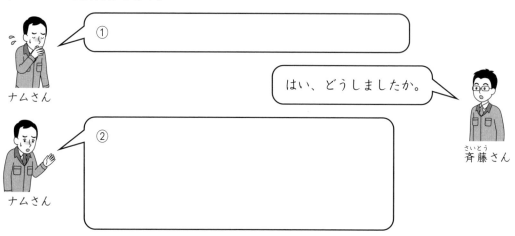

a.　　　　　　b.　　　　　　c.　　　　　　d.

けがについて伝えましょう。

ナムさん　　　①

はい、どうしましたか。

斉藤さん

ナムさん　　　②

会話練習

レベル3

1. 病気やけがの対処法をアドバイスする　　　　➜【〜ほうがいいです】（32課）

A：どうしたんですか。

B：①やけどをしたんです。

A：じゃ、②すぐ冷やしたほうがいいですよ。

B：ええ、そうします。

1）①けがをしました
　　②薬をつけます

2）①体の調子がよく
　　　ないです
　　②無理をしません

2. 体調不良の原因について推測する　　　　　➜【〜かもしれません】（32課）

A：きのうから①せきが出るんです。

B：②かぜかもしれませんね。
　　一度病院で診てもらったほうがいいですよ。

A：ええ、そうですね。

1）①頭や胃が痛いです
　　②ストレス

2）①熱があります
　　②インフルエンザ

9

便利な 表現

レベル3

1. 【〜てしまいました】（29課）

- かぜをひいてしまいました。

- やけどをしてしまいました。

- 足にけがをしてしまいました。

2. 【〜かもしれません】（32課）

- インフルエンザかもしれません。

- あしたも会社を休むかもしれません。

- 今も熱がありますから、あした出張に行けないかもしれません。

3. 【〜ほうがいいです】（32課）

- 熱があるんですか。家で休んだほうがいいですよ。

- 体の調子が悪いんですか。あまり無理をしないほうがいいですね。

- 熱が39度もあるんですか。すぐ病院へ行ったほうがいいです。

ちこく　れんらく
遅刻の連絡をする

Communicating when you will be late
进行迟到的联络
Liên lạc để báo về việc đến muộn
การติดต่อเมื่อไปไม่ทันเวลา
Menginformasikan keterlambatan

わだい　ばめん **話題・場面** Subject, situation 话题・场合 Chủ đề - Tình huống เรื่อง/สถานการณ์ Topik dan Situasi	しゅっきんじ　こうつうきかん　ちえん　　ちこく　でんわ　れんらく 出勤時、交通機関の遅延による遅刻を電話で連絡する Communicating by telephone when you will be late for work due to a public-transportation delay 上班时，用电话联络因为交通工具的延误造成的迟到 Liên lạc bằng điện thoại để báo về việc đến muộn do phương tiện giao thông chậm trễ khi đi làm โทรศัพท์ติดต่อเมื่อไปไม่ทันเวลาเพราะเกิดความล่าช้าของระบบคมนาคม Menginformasikan melalui telepon mengenai keterlambatan yang disebabkan tertundanya transportasi pada saat berangkat kerja
もくひょう **タスクの目標** Task objectives 任务的目标 Mục tiêu của bài tập เป้าหมายของการฝึกหัด Tujuan Tugas	しどういん　じょうし　ちこく　れんらく 指導員や上司に遅刻の連絡をすることができる To be able to notify the instructor or a superior when you will be late 可向指导员或上司进行迟到的联络 Có thể liên lạc để báo về việc đến muộn cho người hướng dẫn hoặc cấp trên. สามารถติดต่อผู้ฝึกสอนหรือหัวหน้าเมื่อไปไม่ทันเวลาได้ Dapat menginformasikan keterlambatan kepada pembimbing maupun atasan

 ウォーミングアップ

レベル3

かいしゃ　　ちこく　　　　　　　れんらく
1．会社に遅刻しそうなとき、だれに連絡しますか。
ほうほう　れんらく
2．どんな方法で連絡しますか。
なん　い
3．何と言いますか。

聞きましょう

レベル3　▶10

サリさんが朝、駅から会社に電話をかけました。

1. 正しいものに○、正しくないものに×を書きましょう。

①サリさんは山下さんと話してから、森田課長と話しました。　　　（　　　）

②サリさんは、9時に会社に着く予定です。　　　　　　　　　　　（　　　）

③サリさんは、気分が悪いので、会社に着くのが遅れます。　　　　（　　　）

2. サリさんは森田課長に何と言いましたか。（　　　）にことばを書きましょう。

申し訳ありません。（①　　　　　　　　　）んですが、（②　　　　　　　　）で
遅れてしまって、（③　　　　　　　　　　　　　　）なんです。

 **話すタスク**

自分の名前や会社名で、遅刻の連絡をしましょう。
下の例を見て、あなたならどんな遅刻の理由があるか、考えてみましょう。

例

 a.  b. c.  d.

遅刻の連絡をしましょう。

①はい、＿＿＿＿＿＿＿＿＿＿＿＿でございます。

山下さん

②おはようございます。＿＿＿＿＿＿＿です。
＿＿＿＿＿＿＿をお願いします。

サリさん

はい、少々お待ちください。

山下さん

③お電話代わりました。＿＿＿＿＿＿＿です。

森田課長

④＿＿＿＿＿＿＿です。おはようございます。
申し訳ありません。

サリさん

そうですか。わかりました。

森田課長

10

申し訳ありませんが、よろしくお願いします。
失礼します。

サリさん

会話練習

レベル3

1. 遅刻の連絡をする　　　　　　　　➡【～て／で（理由）】（39課）【～そうです】（43課）

A：おはようございます。Aです。

B：おはようございます。どうしたんですか。

A：いま、家の近くの駅にいるんですが、
　　①人身事故か何かで、②電車が遅れています。
　　会社に③10分ぐらい遅刻しそうです。

B：そうですか。わかりました。

A：すみませんが、よろしくお願いします。

1）①人身事故
　　②電車がなかなか来ません
　　③30分ぐらい

2）①渋滞
　　②バスがなかなか来ません
　　③30分以上

便利な表現

レベル3

1.【～て／で（理由）】（39課）
- 電車の遅延で、会議に遅れます。
- 事故で、電車が30分ぐらい遅れそうです。
- 渋滞で、遅れてしまいました。
- 道が込んでいて、遅くなってしまいました。
- バイクが故障して、遅くなってしまいました。

2.【～そうです】（43課）
- 今電車が止まっていて、10時の研修に遅れそうです。
- きょうは道がとても込んでいて、朝礼に遅刻しそうです。
- 車が故障して、会社に行くのが10時ごろになりそうです。
- 打ち合わせが長くなってしまって、会社に戻るのが15時ごろになりそうです。

3.【～と伝えていただけませんか】（33課）
- 会議に10分ほど遅れると伝えていただけませんか。
- 電車が遅れていて、9時からの会議に少し遅れると伝えていただけませんか。
- 道が込んでいて、ミーティングに間に合わないかもしれないと伝えていただけませんか。

48

<table>
<tr><td>ユニット
11</td><td>問題発生を報告する</td><td>Reporting problems
报告发生问题
Báo cáo phát sinh vấn đề
การรายงานเมื่อเกิดปัญหา
Melaporkan terjadinya masalah</td></tr>
</table>

話題・場面 Subject, situation 话题・场合 Chủ đề - Tình huống เรื่อง/สถานการณ์ Topik dan Situasi	業務で発生した問題について指導員に報告する Reporting problems that have arisen on the job to the instructor 对于在工作中发生的问题向指导员报告 Báo cáo cho người hướng dẫn về các vấn đề đã phát sinh trong công việc รายงานผู้ฝึกสอนเกี่ยวกับปัญหาที่เกิดในการปฏิบัติงาน Melaporkan masalah yang terjadi dalam pekerjaan kepada pembimbing
タスクの目標 Task objectives 任务的目标 Mục tiêu của bài tập เป้าหมายของการฝึกหัด Tujuan Tugas	問題が発生した場合、速やかに簡潔に報告することができる To be able to report any problems quickly and concisely 发生了问题时，可迅速简洁地报告 Có thể báo cáo một cách nhanh chóng và ngắn gọn trong trường hợp có vấn đề phát sinh. สามารถรายงานได้อย่างรวดเร็วและกระชับในกรณีที่เกิดปัญหาขึ้น Dapat melaporkan dengan cepat dan singkat jika terjadi masalah

 ウォーミングアップ

レベル3

あなたは製造工場で研修をしています。
工場の人が発注した部品と違うものが届きました。こんなとき、どうしますか。

レベル3 ◀)28

ナムさんと斉藤さんが話しています。ナムさんは何と言いましたか。(　　　) にことばを書きましょう。

斉藤さん、すみません！　(①　　　　　　　　　　　　　　　　)。

(②　　　　　　　　　　　) があったみたいです。

(③　　　　　　　　　　　　) が違います。

たぶん、(④　　　　　　　　　) だと思います。

どうすれば (⑤　　　　　　　　　　)。

話すタスク1

レベル3

1. こんなミスを発見したことがありますか。

発注ミス　入力ミス　出荷ミス　検数ミス　確認ミス

2. あなたの研修先や職場では、ほかにどんなミスがありますか。

3. 問題発生を報告しましょう。

①

はい。どうしたんですか。

ナムさん

②

斉藤さん

ナムさん

ええ……？

③

斉藤さん

とりあえず、もう一度確認してください。

ナムさん

はい。わかりました。

斉藤さん

ナムさん

聞きましょう2

レベル3 🔊29

ナムさんと斉藤さんが話しています。ナムさんは何と言いましたか。(　　　) にことばを書きましょう。

> あのう、実は……きょう入荷した（①　　　　　　　　　） を落としてしまいました。
> きょうの部品は（②　　　　　　　　　） ので、（③　　　　　　　） で運んでもいいと思ったんです。
> （④　　　　　　　　） ……落としてしまいました。

話すタスク 2

レベル3

1. あなたもナムさんのようにミスをしたことがありますか。そのときのミスの原因は何ですか。

ミスの種類	原因
部品の箱を落とした	軽かったので、手で運んでもいいと思ったから。

2. 問題発生を報告しましょう。

ナムさん
①

斉藤さん
はい。どうしたんですか。

ナムさん
②

斉藤さん
え？ どうして？

ナムさん
③

斉藤さん
え？ だめですよ。

ナムさん
ほんとうにすみません。

会話練習

レベル3

1. トラブルを報告する　　　　　　➡【～とき】(23課)【～てしまいました】(29課)

A：課長、すみません。

B：はい。

A：すみません。さっき①製品を運んでいたとき、②落としてしまったんです。

B：え！

1) ①検品をします
　　②見落としをします

2) ①製品を出荷します
　　②ミスをします

2. 悩みを相談する　　　　　　　　➡【～について】(21課)【～て／で（理由）】(39課)

A：あのう、実は……①池田さんについてお話があるんですが……。
　②池田さんの話し方はちょっと難しくて……どうしたらいいでしょうか。

B：そうだったんですか……。

1) ①林さん
　　②林さんはわたしだけに厳しいです

2) ①森さん
　　②森さんに毎日「飲みに行こう」と言われています

3) ①田中さん
　　②田中さんがあまり仕事を教えてくれません

54

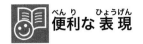

便利な表現

レベル3

1. 【〜てみます】(40課)
   - 使い方がわからないので、小川さんに聞いてみます。
   - この問題について、課長に相談してみます。

2. 【〜ほうがいいです】(32課)
   - 課長に相談したほうがいいです。
   - すぐ小川さんに連絡したほうがいいです。
   - 担当者に聞いたほうがいいです。

ユニット 12 困っていることを相談する

Consulting when faced with difficulties
咨询困扰的事情
Trao đổi về khó khăn đang gặp
การปรึกษาปัญหาและอุปสรรค
Mengkonsultasikan kesulitan yang dihadapi

話題・場面 Subject, situation 话题・场合 Chủ đề - Tình huống เรื่อง/สถานการณ์ Topik dan Situasi	困っていることについて指導員に相談する Consulting with the persons in charge of training on difficulties 对于困扰的事情，向指导员进行咨询 Trao đổi với người hướng dẫn về khó khăn đang gặp ปรึกษาผู้ฝึกสอนเกี่ยวกับปัญหาและอุปสรรค Mengkonsultasikan kesulitan yang dihadapi kepada pembimbing
タスクの目標 Task objectives 任务的目标 Mục tiêu của bài tập เป้าหมายของการฝึกหัด Tujuan Tugas	困っている内容について具体的に説明して相談することができる To be able to explain in practical terms and consult on any difficulties 对于困扰的内容，可具体地说明并咨询 Có thể trao đổi và giải thích cụ thể nội dung khó khăn đang gặp. สามารถอธิบายเกี่ยวกับปัญหาและอุปสรรคได้โดยเอียดในการปรึกษาหารือ Dapat menjelaskan isi kesulitan yang dihadapi secara konkret dan mengkonsultasikannya

 ウォーミングアップ

レベル3

1. 研修先や職場で困ったことがありますか。
2. だれに相談しますか。
3. どうやって相談しますか。

🔊 聞きましょう

ナムさんが指導員の斉藤さんと話しています。
正しいものに○、正しくないものに×を書きましょう。

①斉藤さんはナムさんに作業の相談をしました。　　　　　　（　　　）
②ナムさんは1日の作業が終わらなくて、困っています。　（　　　）
③ナムさんだけ作業の量が多いです。　　　　　　　　　　　（　　　）
④ナムさんは作業のしかたがとても丁寧です。　　　　　　　（　　　）

💬 話すタスク

1. あなたが困っていることは、何ですか。

2. あなたが困っていることを、指導員に相談しましょう。

12

例

> あのう……わたしのやり方がよくないのかもしれませんが……作業がなかなか終わらなくて……。
>
> 残業はできませんから、きょうできなかったことを次の日にしなければなりません。
>
> でも、次の日はほかの作業もしなければなりませんよね。
>
> ですから、どんどん作業が多くなるんです。
>
> どうすればいいでしょうか。

構成	内容
①前置き	あのう……わたしのやり方がよくないのかもしれませんが…… ――――――――――――――――――――――――――――――――――――。
②説明1	――――――――――――――――――――――――――――――から、 ――――――――――――――――――――――――――――――――――。
③説明2	でも、――――――――――――――――――――――――――――――。 ですから、――――――――――――――――――――――――――――。
④相談	どうすればいいでしょうか。

会話練習

→【～かもしれません】（32課）

　　【～なくて（理由）】（39課）

レベル3

1. 前置きをしながら状況を伝える

A：あのう、ちょっとご相談してもいいですか。

B：もちろんですよ。ここで話しますか。

A：はい、ここで大丈夫です。

　　あのう……実は、①わたしのやり方がよくない

　　のかもしれませんが……

　　②作業がなかなか終わらなくて……。

1）①わたしのやり方が

　　　よくないです

　　②報告書が

　　　うまく書けません

2）①わたしのやり方に

　　　問題があります

　　②時間までに

　　　作業が終わりません

2. 解決方法を尋ねる

→【疑問詞＋～ば、いいですか】（35課）

A：あのう、①不良品のサンプル写真を見たいん

　　ですが、②どこを探せばいいですか。

B：③機械の近くの壁にはってあると思いますよ。

A：そうですか。ありがとうございます。

1）①前の会議の議事録を

　　　見たいです

　　②どの棚を探します

　　③「業務」の棚にあります

2）①検査のチェックリストを

　　　探しています

　　②だれに聞きます

　　③製造課の山田さんが

　　　知っています

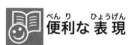
便利な表現

レベル3

1.【～んですが、～ていただけませんか】（26課）

・ご相談したいことがあるんですが、少しお時間を取っていただけませんか。

・聞きたいことがあるんですが、この資料を見ていただけませんか。

・ちょっとご報告したいことがあるんですが、事務所まで来ていただけませんか。

ユニット 13 連絡事項を伝言する
れんらくじこう でんごん

わだい ばめん 話題・場面 Subject, situation 话题・场合 Chủ đề - Tình huống เรื่อง/สถานการณ์ Topik dan Situasi	きゅう でんごん たの ひと つた 急な伝言を頼まれ、ほかの人に伝える Delivering a message to another person when unexpectedly asked to do so by someone 被委托紧急的传话，传达给他人 Được nhờ truyền đạt gấp cho người khác lời nhắn เมื่อถูกขอให้ช่วยส่งต่อข้อความโดยด่วนให้กับผู้อื่น Menyampaikan pesan mendesak kepada orang lain karena dimintai tolong
もくひょう タスクの目標 Task objectives 任务的目标 Mục tiêu của bài tập เป้าหมายของการฝึกหัด Tujuan Tugas	でんごん かくじつ せいかく おこな 伝言を確実、正確に行うことができる To be able to communicate messages reliably and accurately 可切实、正确地进行传话 Có thể truyền đạt lời nhắn một cách rõ ràng và chính xác. สามารถส่งต่อข้อความที่ได้รับฝากได้อย่างถูกต้องและแม่นยำ Dapat menyampaikan pesan secara tepat dan akurat

13

 ウォーミングアップ

レベル3

1. 職場や研修先で伝言をしたことがありますか。
しょくば けんしゅうさき でんごん

2. どんな伝言の手段がありますか。
でんごん しゅだん

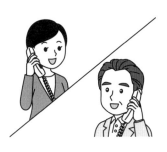

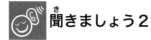**聞きましょう1**

レベル3　▶11

山下さんから開発課に電話がありました。絵を見て、会話を聞きましょう。サリさんは、これからどうしますか。

森田課長（開発課）

サリさん（開発課）

山下さん（開発課）

> サリさんは

聞きましょう2

レベル3　▶12

会話の続きを聞きましょう。課長が戻りました。サリさんは森田課長に何と言いますか。

サリさん（開発課）

森田課長（開発課）

> 課長、

話すタスク

レベル3

1. あなたの研修先や職場ではどんな伝言が考えられますか。考えられる伝言内容を書きましょう。

13

2. 予定変更を伝言しましょう。

サリさん

課長、山下さんから電話がありました。

はい。

森田課長

サリさん

_____
と言っていました。
_____
そうです。

わかりました。ありがとう。

森田課長

63

会話練習

レベル3

1. 予定変更を伝言する
A：課長、さっき山下さんから電話がありました。
　　①打ち合わせが長くなってしまいましたから、
　　②2時ごろ会社に戻ると言っていました。
B：そうですか。わかりました。

➡【～と言っていました】(33課)

1) ①ほかのお客様の所に
　　　行かなければなりません
　②3時ごろ会社に戻ります
2) ①電車が遅れています
　②会社に戻る時間が
　　11時ごろになります

便利な表現

レベル3

1.【～んですが、～ていただけませんか】(26課)
・ミーティングの時間なんですが、11時に変えていただけませんか。
・打ち合わせの場所なんですが、インターネットができる部屋に変えていただけませんか。
・午後、都合が悪くなってしまったんですが、午後の会議をあしたに変えていただけませんか。

2.【～と伝えていただけませんか】(33課)
・10時からのミーティングに10分ほど遅れると伝えていただけませんか。
・あしたのミーティングは9時からだと伝えていただけませんか。
・来週の会議は社長も出席すると伝えていただけませんか。

指導・アドバイスを受ける

Receiving guidance and advice
接受指导、建议
Tiếp nhận chỉ thị và lời khuyên
การรับการฝึกสอนหรือคำแนะนำ
Menerima bimbingan dan saran

話題・場面 Subject, situation 话题・场合 Chủ đề - Tình huống เรื่อง/สถานการณ์ Topik dan Situasi	研修先で、指導やアドバイスを受ける Receiving guidance and advice at the training site 在培训地接受指导和建议 Tiếp nhận chỉ thị và lời khuyên tại nơi thực tập เมื่อได้รับการฝึกสอนหรือคำแนะนำในสถานที่ฝึกอบรม Menerima bimbingan dan saran di tempat pelatihan
タスクの目標 Task objectives 任务的目标 Mục tiêu của bài tập เป้าหมายของการฝึกหัด Tujuan Tugas	職場の人からの指導やアドバイスを聞いて、謙虚な姿勢で答えることができる To be able to listen to guidance and advice from people in the workplace and answer in a polite manner 可倾听现场的人的指导和建议，并以谦虚的姿态回答 Có thể trả lời với tư thế khiêm tốn khi nghe các chỉ thị và lời khuyên từ những người tại nơi làm việc. สามารถรับฟังการฝึกสอนหรือคำแนะนำจากคนในที่ทำงานด้วยท่าทีที่อ่อนน้อม Dapat mendengarkan bimbingan dan saran dari orang di tempat kerja dan menanggapinya dengan sikap rendah hati

 ウォーミングアップ

レベル3

あなたが研修先（または職場）でプレゼンテーションをしたとき、指導員（または上司）から次のようなアドバイスをもらいました。あなたは何と答えますか。

話すタスク1

レベル3 🔊31

ナムさんは今、実地研修をしています。斉藤さんとナムさんの会話を聞きましょう。

1. 斉藤さんは何を心配していますか。

   (　　　　　　　　　　　　　　　　　) かどうか、心配しています。

2. 斉藤さんはナムさんに何をしてほしいと思っていますか。

   (　　　　　　　　　　　　　　) ほしいと思っています。

3. この後、ナムさんは斉藤さんに何と言いますか。考えて、話しましょう。

【メモ】

4. 実際に、ナムさんは斉藤さんに何と言いますか。聞きましょう。🔊32

 **話すタスク 2**

レベル3　🔊33

ナムさんは今、実地研修をしています。斉藤さんとナムさんの会話を聞きましょう。

1. 斉藤さんは何を心配していますか。

（　　　　　　　　　　　　　　　　）を心配しています。

2. 斉藤さんはナムさんに何をしてほしいと思っていますか。

（　　　　　　　　　　　　　　　　）ほしいと思っています。

3. この後、ナムさんは斉藤さんになんと言いますか。考えて、話しましょう。

【メモ】

4. 実際に、ナムさんは斉藤さんに何と言いますか。聞きましょう。　🔊34

14

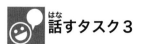

話すタスク3

レベル3 🔊35

ナムさんは昼休みも製品の勉強をしています。斉藤さんとナムさんの会話を聞きましょう。

1. 斉藤さんは何を心配していますか。

（　　　　　　　　　　　　　　　　　　　）かどうか、心配しています。

2. 斉藤さんはナムさんに何をしてほしいと思っていますか。

（　　　　　　　　　　　　　　　　　　　）ほしいと思っています。

3. この後、ナムさんは斉藤さんになんと言いますか。考えて、話しましょう。

【メモ】

4. 実際に、ナムさんは斉藤さんになんと言いますか。聞きましょう。 🔊36

会話練習

レベル3

1. アドバイスを受ける　　　➡【〜ほうがいいです】(32課)【〜て／で(理由)】(39課)

A：ナムさん、どうしたんですか。

B：①報告書を書いているんですが、

　　ちょっと②難しくて……。

A：そうですか。

　　③指導員の小川さんに相談したほうが

　　いいですよ。

B：わかりました。

1）①機械を操作しています

　　②機械の調子が悪いです

　　③すぐ機械を止めて、

　　　調べてもらいます

2）①急いであしたの会議の

　　　資料を作っています

　　②体の調子が悪いです

　　③課長に相談して、

　　　早退します

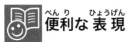
便利な表現

レベル3

1.【〜ようにしてください】(36課)
- 報告書の日付を忘れないようにしてください。
- 打ち合わせの時間に遅れないようにしてください。
- 納期を守るようにしてください。

2.【疑問詞＋か】(40課)【〜とか、〜とか】(30課)
- 報告書には何がよかったかとか、何が難しかったかとか、所感を書くようにしてください。
- 業務報告書にはどうすればミスがなくなるかとか、どうすればトラブルが起きないかとか、カイゼン方法を書くようにしてください。

14

15

ユニット 15 業務の成果や課題を話す

ぎょうむ せいか かだい
はな

Speaking about business results and issues
说出工作的成果和课题
Nói về thành quả và các vấn đề tồn tại trong công việc
การพูดคุยถึงผลการปฏิบัติงานและปัญหาที่ต้องแก้ไข
Menyampaikan hasil kerja dan masalah

話題・場面 わだい ばめん Subject, situation 话题・场合 Chủ đề - Tình huống เรื่อง/สถานการณ์ Topik dan Situasi	自分の業務を振り返り、課題について解決策をまとめる じぶん ぎょうむ ふ かえ かだい かいけつさく Reviewing one's own work and coming up with solutions to issues 回顾自己的工作，针对课题归纳解决对策 Nhìn lại công việc của bản thân và tổng kết các biện pháp giải quyết vấn đề ทบทวนการปฏิบัติงานของตนเองแล้วสรุปแผนการแก้ไขปัญหาที่มีอยู่ Meninjau kembali pekerjaan sendiri dan merangkum langkah penyelesaian masalah
タスクの目標 もくひょう Task objectives 任务的目标 Mục tiêu của bài tập เป้าหมายของการฝึกหัด Tujuan Tugas	自分のこれまでの業務の成果と課題を挙げ、課題に対する解決策を提案することができる じぶん ぎょうむ せいか かだい あ かだい たい かいけつ さく ていあん To be able to identify the results of and issues in your work and propose solutions to any issues 可列举出自己过去工作的成果和课题，针对课题提出解决对策　Có thể nêu ra các thành quả và những vấn đề tồn tại trong công việc của mình từ trước đến nay, và đề xuất biện pháp giải quyết các vấn đề này. สามารถอธิบายผลการปฏิบัติงานที่ผ่านมาของตนเอง และหยิบยกหัวข้อปัญหาที่ต้องแก้ไข แล้วสามารถเสนอแผนการแก้ไขปัญหาได้　Dapat menyampaikan hasil kerja dan masalah kerja selama ini serta dapat mengusulkan langkah penyelesaian untuk masalah tersebut

 ウォーミングアップ

レベル3

1. 次のことばの意味を知っていますか。知らない場合は、調べてみましょう。
つぎ　　　　　いみ　し　　　　　　　　　し　　ばあい　　　しら

成果　　課題　　解決策
せいか　　かだい　　かいけつさく

2. 業務の「成果」、「課題」、「解決策」について報告したことがありますか。
ぎょうむ　　せいか　　　かだい　　　かいけつさく　　　　　　　ほうこく

レベル3 🔊37

1. 開発課のサリさんが森田課長と話しています。正しいものに○、正しくないものに×を書きましょう。

①サリさんは、今、一人でシステムテストの作業ができます。 （　　）

②サリさんの問題は作業ミスが多いことです。 （　　）

③サリさんはミスの報告を一度もしたことがありません。 （　　）

④サリさんの問題の原因はミスを隠したことです。 （　　）

2. もう一度、森田課長とサリさんの会話を聞きます。＿＿＿＿にことばを書きましょう。

〈成果〉

よかったことは、＿＿＿＿＿＿＿＿＿＿＿＿＿＿＿＿＿＿＿＿＿＿＿＿＿＿＿＿

＿＿＿＿＿＿＿＿＿＿＿＿＿＿＿＿＿＿＿＿＿＿＿＿＿＿＿ことです。

〈課題〉

問題は、＿＿＿＿＿＿＿＿＿＿＿＿＿＿＿＿＿＿＿＿＿＿＿ことです。

〈解決策〉

原因は、＿＿＿＿＿＿＿＿＿＿＿＿＿＿＿＿＿＿＿＿＿＿＿＿＿からだと思います。

＿＿＿＿＿＿＿＿＿＿＿＿＿ように、＿＿＿＿＿＿＿＿＿＿＿ようにしたいと思います。

 話すタスク

レベル3

あなたの日本語について、「成果」と「課題」、「解決策」を話しましょう。

例

〈成果〉
よかったことは、一人で作業ができるようになったことです。

〈課題〉
問題は、作業ミスが多かったことです。

〈解決策〉
原因は、「次は気をつけよう」と思っていても、何もしなかったからだと思います。
作業ミスが少なくなるように、「ミス再発防止ノート」を書くようにしたいと思います。

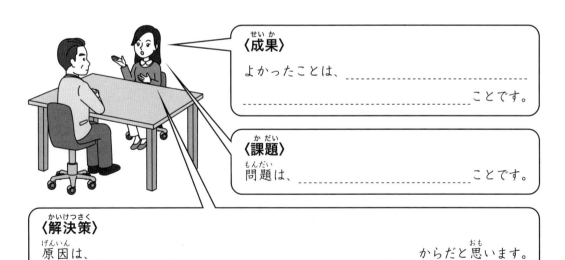

〈成果〉
よかったことは、＿＿＿＿＿＿＿＿＿＿＿＿＿＿＿＿＿
＿＿＿＿＿＿＿＿＿＿＿＿＿＿＿＿＿＿ことです。

〈課題〉
問題は、＿＿＿＿＿＿＿＿＿＿＿＿＿＿＿ことです。

〈解決策〉
原因は、＿＿＿＿＿＿＿＿＿＿＿＿＿＿＿＿＿＿＿＿からだと思います。
＿＿＿＿＿＿＿＿＿＿＿＿ように、＿＿＿＿＿＿＿＿＿ようにしたいと思います。

会話練習

レベル3

1. 成果と課題を述べる　　　　➡【～ことです】(18課)【～く／になります】(19課)

A：この3か月でよかったこと、問題だったことを　　1）①機械トラブルが
　　話してください。　　　　　　　　　　　　　　　　　少なくなりました

B：よかったことは①一人で作業ができるように　　　　②欠品が多かったです
　　なったことです。　　　　　　　　　　　　　　2）①連絡ミスが減りました
　　問題は②作業ミスが多かったことです。　　　　　　②不良品が時々ありました

A：そうですか。
　　その問題をもう少し話してください。

2. 原因を述べる　　　　　　　　➡【～（よ）うと思っています】(31課)

A：原因について、もう少し説明してくれますか。　　1）①欠品をなくします

B：原因は「①次は気をつけよう」と思って　　　　　　②在庫を確認して
　　いても、②何もしなかったからだと思います。　　　　いませんでした
　　　　　　　　　　　　　　　　　　　　　　　　2）①不良品を減らします
　　　　　　　　　　　　　　　　　　　　　　　　　　②検品が十分では

　　　　　　　　　　　　　　　　　　　　　　　　　　ありませんでした

3. 解決策を提示する　　　　　　➡【～ように】(36課)【～ようにします】(36課)

A：再発防止のために、どうしたらいいと　　　　　1）①欠品が減ります
　　思いますか。　　　　　　　　　　　　　　　　　②毎日在庫を確認します

B：はい。①作業ミスが少なくなるように、　　　　2）①不良品が減ります
　　②「ミス再発防止ノート」を書くように　　　　　　②検品を十分行います
　　したいと思います。

便利な表現

レベル3

1.【〜て／で（理由）】(39課)
- 不良品が多くて困っています。
- 作業が複雑で大変です。
- 日本語の説明があまり理解できなくて困っています。

2.【〜ように】(36課)【〜ています】(28課)
- 作業ミスが少なくなるように、「ミス再発防止ノート」を作っています。
- 機械トラブルが減るように、毎日メンテナンスをしっかりしています。
- 欠品がないように、毎日在庫を確認しています。
- お客様のクレームが少なくなるように、カイゼンの方法を考えています。

15

3.【疑問詞＋か】【〜てみます】(40課)
- どんなミスをしたか書いてみます。
- どうしてミスが起きたか考えてみます。
- どうしたらミスをしなかったか考えてみます。
- どうしたら再発しないか考えてみます。

4.【〜（よ）うと思っています】(31課)
- 5Sをしっかりしようと思っています。
- 在庫の確認をしっかりしようと思っています。
- 作業ミスをしないようにしようと思っています。
- 同じミスをしないようにしようと思っています。
- 日本で技術をしっかり習おうと思っています。

著者 　　一般財団法人 海外産業人材育成協会（AOTS／エーオーティーエス）
The Association for Overseas Technical Cooperation and Sustainable Partnerships

監修 　　宮本真一　元 AOTS 総合研究所 グローバル事業部　部長
　　　　杉山充　　AOTS 総合研究所 グローバル事業部　日本語教育センター長

執筆者 　内海陽子　AOTS 総合研究所 グローバル事業部　日本語教育センター
　　　　羽澤志穂　元 AOTS　新国際協力事業部 日本語教育センター

協力者 　飯塚知子・上野圭子・大神隆一郎・小川佳子・小野妃華・菅野章子・近藤梨絵
　　　　篠原紀絵・柴田由佳・清水美帆・正多宏美・谷口真樹子・常次亨介・平野貴昭
　　　　藤井和代・松見ゆうな・宮津久美子・森田絵理・柳瀬薫・吉村真美・米澤昌子

イラスト　株式会社アット イラスト工房

装丁・本文デザイン　梅津由子

ゲンバの日本語　応用編
働く外国人のための日本語コミュニケーション

2021 年 3 月 12 日　初版第 1 刷発行
2024 年 10 月 28 日　初版第 3 刷発行

著　者　　一般財団法人 海外産業人材育成協会
発行者　　藤嵜政子
発　行　　株式会社スリーエーネットワーク
　　　　　〒102-0083　東京都千代田区麹町 3 丁目 4 番
　　　　　　　　　　　トラスティ麹町ビル 2 F
　　　　　電話　営業　03（5275）2722
　　　　　　　　編集　03（5275）2725
　　　　　https://www.3anet.co.jp/
印　刷　　萩原印刷株式会社

別冊

スクリプト・解答例

ゲンバの日本語
応用編

働く外国人のための
日本語コミュニケーション

AOTS
一般財団法人海外産業人材育成協会　著

スリーエーネットワーク

スクリプト

ユニット1　標示の意味を調べる

※ユニット1はスクリプトなし

ユニット2　ルールやマナーの説明を聞く

聞くタスク1、2

レベル3

▶01 鈴木：おはようございます。きょうから研修ですね。よろしくお願いします。

ナム：よろしくお願いします。

鈴木：では、会社の中を案内しますね。

1. ロッカールームで

▶02 鈴木：ここはロッカールームです。ナムさんはこのロッカーを使ってください。研修は9時からです。毎朝ここで着替えて、5分前までに工場へ来るようにしてください。時間厳守でお願いします。

ナム：5分前ですね。わかりました。作業は9時からですか。

鈴木：いいえ、作業のまえに毎朝朝礼をします。

ナム：まず、朝礼ですね。わかりました。あの、ロッカーに財布を入れておいてもいいですか。

鈴木：大丈夫ですが、大切なものをロッカーに入れたときは、かぎを忘れないようにしてください。じゃ、着替えて工場へ行きましょう。

2. 工場で

▶03 鈴木：ナムさん、ここが工場です。知っていると思いますが、工場では禁煙です。絶対にたばこを吸わないでください。

ナム：はい。あの……、たばこを吸いたいときは、どこへ行ったらいいでしょうか。

鈴木：工場の外に喫煙所がありますので、その喫煙所で吸うようにしてください。

ナム：あっ、すみません。きつ？……何でしょうか。

鈴木：「きつえんじょ」です。あとで案内しますね。

それから工場ではケータイ禁止です。仕事をしながら、ケータイを見ないでくださいね。

ナム：はい。わかりました。気をつけます。

鈴木：あ、ナムさん、危ないので、大きい機械には触らないでください。機械の操作はここでします。このマニュアルをよく見ながら、機械を操作してください。

ナム：はい。

鈴木：工場では安全第一です。では、作業を始めましょう。

　　　　　　　⋮

鈴木：ナムさん、もう12時ですね。昼休みです。食堂へ行きましょう。

3. 食堂で

▶04　ナム：わあ、広い食堂ですねぇ……。

鈴木：機械で食べたい料理のチケットを買って、食堂の人にチケットを出してください。

ナム：はい。

　　　　　　　⋮

ナム：あれ、鈴木さんはお弁当なんですか。

鈴木：ええ。わたしはいつも食堂で弁当を食べています。ナムさんも弁当を持って来てここで食べてもいいですよ。

ナム：じゃあ、今度、わたしもお弁当を作って、持って来ます。

ナム：あの……、昼ごはんを食べたあとで、ここで少し日本語を勉強したいんですが……。

鈴木：そうですね。12時半ぐらいには食堂もすくと思います。食堂がすいているときだったら、勉強してもいいと思いますよ。

4. 工場で

▶05　鈴木：ナムさん、そろそろ5時ですね。作業を終わりましょう。

ナム：はい。きょうはありがとうございました。

鈴木：使った工具は必ず元の所に戻しておいてください。工場では整理整頓が大切です。

ナム：はい。わかりました。

鈴木：工具を片づけたら、日報を書いて、事務所に出してから帰ってください。
　　　じゃ、あしたも9時から朝礼ですから、遅れないように気をつけてく
　　　ださいね。

ナム：はい。遅れないようにします。あの……もし間に合わないときはどうし
　　　たらいいですか。

鈴木：遅刻するときは、9時までに事務所に連絡してください。

ナム：はい、わかりました。じゃあ……、お先に失礼します。

鈴木：お疲れさまでした。

ユニット3　災害時のアナウンスを聞く

聞くタスク1

レベル3

◀)01　①緊急地震速報。大地震です。大地震です。

◀)02　②火事です。火事です。火災が発生しました。落ち着いて避難してください。

◀)03　③津波警報が発表されました。海岸付近の方は高台に避難してください。

聞くタスク2

レベル3

◀)04　1）お知らせします。台風5号が近付いています。12日午後3時に関東地方
　　　に一番近付きます。電車で帰る人は、電車が止まるかもしれませんから、
　　　きょうは早めに帰宅してください。停電になるかもしれませんから、帰る
　　　まえに、必ず機械の電源を切ってください。風や雨がとても強くなりま
　　　す。看板が飛んだり、木や電柱が倒れたりするかもしれませんから、気を
　　　つけて帰ってください。

◀)05　2）2階の作業室で火事が発生しました。近くの非常口から建物の外に逃げ
　　　てください。エレベーターは使えません。階段を使ってください。煙を吸
　　　わないように、体を低くして逃げてください。タオルやハンカチがあれば、
　　　鼻と口を押さえてください。ない人は、服で押さえましょう。落ち着いて
　　　避難してください。

◀)06　1）地震は止まりました。落ち着いてください。午後3時23分に大きい地震
　　　がありました。震源地は、埼玉県南部です。東京都23区は震度4です。

地震は1回だけではありません。余震が来るかもしれません。余震に気をつけてください。壊れた建物や、割れたガラスなどに気をつけてください。火が消えているかどうか、もう一度確かめてください。

🔊07　2）午後3時23分に大きい地震がありました。津波が来るかもしれません。海や川の近くから離れてください。津波は1回だけではありません。何回も来るかもしれませんから、注意してください。海から近い所にいる人は、ビルの屋上や山の上など高い所へ避難してください。危ないので、絶対に海や川に近寄らないでください。これからのアナウンスに注意してください。

ユニット4　工場見学の説明を聞く

聞くタスク1、2

レベル3

🔊08　斉藤：では、工場の中をご案内します。この工場では、1年に約24万台の車を作ってるんですよ。

　　　ナム：24万台ですか……。何人ぐらいの人が働いてるんですか。

　　　斉藤：2,600人ぐらいです。

　　　ナム：2,600人ですか。わたしがいるエンジンの工場は3,300人ぐらいですから、こちらの工場のほうが少ないですね。

　　　斉藤：ここでは、ロボットもたくさん作業しますからね。

　　　ナム：そうですか。

🔊09　斉藤：はい。では、1つ目の工程を見ましょう。プレス機を使って、車の部品を作っているところです。強くて軽い板を使っているので、丈夫な車を作ることができるんです。ここでは、1分間に12枚の部品を作っています。この部品は厳しい品質チェックをしてから、次の工程へ行きます。

　　　ナム：はい。

　　　斉藤：プレスの作業はロボットがしますが、品質チェックは人がするんです。

　　　ナム：そうなんですか。

　　　斉藤：品質チェックは大切なので、人がするんですよ。

　　　ナム：なるほど……。

◀))10 斉藤：では、次は溶接の工程を見ましょう。溶接も、ロボットが作業します。
　　　　ロボットが溶接のしかたを覚えて、作業するんです。

ナム：そうですか。すごいですね。

斉藤：次は「塗装」ですね。

ナム：トソウ？

斉藤：色を塗ることです。ロボットが塗ったり、人が塗ったりします。

ナム：あ、そうなんですか。

斉藤：はい。色を塗る工程は1つだけではありません。ロボットが塗る工程
　　　　もありますし、人が塗る工程もあります。

ナム：はい。わかりました。

斉藤：それから「組立」も人がします。ロボットはしません。3,000点くらい
　　　　の部品があるんですが、1点1点細かい作業を人の手で行います。

ナム：3,000点……！

◀))11 斉藤：最後に、完成検査の工程を見ましょう。

ナム：カンセイケンサ……？

斉藤：出荷するまえに、人が検査することです。時速120キロで運転して、
　　　　車の安全性を確認します。検査の項目は700から1,000ぐらいですね。

ナム：そうですか……！　たくさん検査するんですね！

斉藤：安全性はとても大切なので、たくさんの項目を検査します。検査も大
　　　　切な工程の一つです。

ナム：はい。わかりました！

ユニット5　予定や指示を聞く

聞くタスク1、2

レベル3

▶06 森田課長：おはようございます。9月5日の朝礼を始めます。まず、わた
　　　　しのきょうの予定ですが、この朝礼後、9時半から山下さんと
　　　　打ち合わせがあります。その後、プロジェクト計画を作ります。
　　　　午後は4時から1時間ほど営業課と打ち合わせがあります。営
　　　　業課の打ち合わせは少し長くなるかもしれませんから、用事が
　　　　ある人は、そのまえにお願いします。では、山下さんから、予定

をお願いします。

山下：　　　　　はい。午前は、課長との打ち合わせ後に、横浜機械で打ち合わせがあるので、外出します。1時ごろに戻る予定です。午後はコスト計画を作ります。以上です。

森田課長：　　はい。じゃ、サリさん。

サリ：　　　　　はい！　わたしは、きのうから始めた工程表がまだ完成していないので、きょうも続けようと思っています。3時までに一度課長にメールで送りますから、確認していただけませんか。問題があればやり直して、あしたには出せるようにします。以上です。

森田課長：　　サリさん、工程表はどうですか。難しいですか。

サリ：　　　　　はい、少し難しいです。

森田課長：　　じゃ、工程表ですが、きのうまでに作った所を確認したいので、朝礼が終わったら一度見せてください。

サリ：　　　　　はい、わかりました。

森田課長：　　次に、月曜11時の課のミーティングですが、来週は山下さんが午前中お休みなので、午後にしたいと思います。1時はどうですか。都合が悪い人はいますか。

山下：　　　　　大丈夫です。

サリ：　　　　　わたしも大丈夫です。

森田課長：　　では、来週の課のミーティングは1時から始めます。皆さんから、ほかに連絡はありませんか。では、きょうも1日、よろしくお願いします。

山下・サリ：よろしくお願いします。

ユニット6　予定を共有する

聞きましょう

レベル3

▶07　森田課長：おはようございます。9月5日の朝礼を始めます。では、山下さんから、予定をお願いします。

山下：　　　　　はい。午前は、課長との打ち合わせ後に、横浜機械で打ち合わせがあるので、外出します。1時ごろに戻る予定です。午後はコスト計画を作ります。以上です。

森田課長：はい。じゃ、サリさん。

サリ：　　はい！　わたしはきのうから始めた工程表がまだ完成していないので、きょうも続けようと思っています。3時までに一度課長にメールで送りますから、確認していただけませんか。問題があればやり直して、あしたには出せるようにします。以上です。

ユニット7　予定を確認する

 話すタスク1

レベル3

🔊12　1）鈴木：あしたは8時半（雑音）に事務所へ来てください。
　　　　　ナム：あのう、すみません。時間をもう一度お願いできますか。
　　　　2）鈴木：あしたは8時半（雑音）に事務所へ来てください。
　　　　　ナム：あのう、すみません。時間は8時半でよろしいでしょうか。

🔊13　①鈴木：担当者は斉藤さん（雑音）です。
🔊14　②鈴木：会議は来週の月曜日（雑音）です。
🔊15　③鈴木：東京の実習は2月（雑音）からです。
🔊16　④鈴木：会議は月曜日の10時（雑音）から東京本社でします。
🔊17　⑤鈴木：名古屋（雑音）工場でエンジンの製造の実習をします。

🔊18　鈴木：あしたは8時半に事務所へ来てください。
　　　　ナム：8時半に事務所ですね。わかりました。

🔊19　①鈴木：担当者は斉藤さんです。
🔊20　②鈴木：会議は来週の月曜日です。
🔊21　③鈴木：東京の実習は2月からです。
🔊22　④鈴木：会議は月曜日の10時から東京本社でします。
🔊23　⑤鈴木：名古屋工場でエンジンの製造の実習をします。

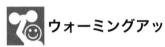

話すタスク２

レベル3

🔊24　①はっ？　②はぁ……　③はい　④ええ　⑤うん　⑥ふぅん　⑦そうですね

🔊25　ナム：すみません。9月から10月は何の実習ですか。
　　　　　　ちょっと印刷が見えなくて……。

ユニット８　使い方について質問する

ウォーミングアップ

レベル3

【エアコン】

▶08　サリ：寒いですね。エアコン……。
　　　山下：じゃあ、送風にして。

　　　サリ：……。
　　　山下：ここをこうして、こうすると、送風になりますよ。

　　　サリ：あ、はい。ありがとうございます。

【コピー機】

▶09　森田課長：サリさん、これ、両面コピーお願いします。

　　　サリ：　　はい。

　　　　　　　　　⋮

　　　サリ：　　山下さん、すみません。コピーはどうやって、するんですか。
　　　山下：　　あ、コピー？　簡単ですよ。これをこうして、こうするだけです。

　　　サリ：　　あ、ありがとうございます。

ユニット９　体調不良を伝える

聞きましょう

レベル3

[場面1]

🔊26　ナム：斉藤さん、すみません。ちょっとよろしいでしょうか。
　　　斉藤：はい、どうしたんですか。

ナム：あのう、実はきのうの晩から、のどが痛くて……熱も少しあるんです。

斉藤：え！　大丈夫ですか。熱はどのくらいありますか。

ナム：38度です。

斉藤：ちょっと高いですね。きょうは午後の打ち合わせには出なくてもいいので、早く帰ってうちで休んでください。

ナム：はい、ありがとうございます。

斉藤：あしたの朝もまだ熱が高かったら連絡してください。病院へ行ったほうがいいかもしれませんから。

ナム：はい、わかりました。じゃあ、お先に失礼します。

斉藤：お大事に。

[場面2]

🔊27　ナム：斉藤さん、すみません。ちょっとよろしいでしょうか。

斉藤：はい、どうしたんですか。

ナム：あのう、さっき作業中に手にやけどをしてしまったんです。すぐ冷やしたんですが、まだ痛くて……。

斉藤：え！　そうですか……。ちょっと見せてください。ああ……少し赤くなってますね。もうしばらく冷やしておいたほうがいいですよ。

ナム：はい。

斉藤：それと、冷やしてから、薬をつけたほうがいいですよ。薬は救急箱に入ってるので、鈴木さんに出してもらってください。

ナム：はい、わかりました。ありがとうございます。

斉藤：それから、やけどをしてしまった理由について、あとで報告書を書いてくださいね。

ナム：はい、わかりました。

ユニット10　遅刻の連絡をする

聞きましょう

レベル3

▶10　山下：　　はい、システムトーキョー、開発部開発課でございます。

サリ：　　おはようございます。サリです。山下さんですか。

山下：　　ああ、サリさん。おはようございます。

サリ：　　あの、すみませんが、森田課長をお願いします。

山下： はい、少々お待ちください。

森田課長：お電話代わりました。森田です。

サリ： サリです。おはようございます。

森田課長：おはようございます。

サリ： 申し訳ありません。今、駅にいるんですが、電車の何かのトラブルで遅れてしまって、会社に着くのが9時10分ごろになりそうなんです。

森田課長：そうですか。わかりました。

サリ： 申し訳ありませんが、よろしくお願いします。失礼します。

ユニット11　問題発生を報告する

聞きましょう1

レベル3

◆)28　ナム：斉藤さん、すみません！　ちょっとよろしいですか。

斉藤：はい。どうしたんですか。

ナム：部品の発注ミスがあったみたいです。

斉藤：え！　どんな発注ミスですか。

ナム：発注したものと届いたものが違います。たぶん、発注ミスだと思います。

斉藤：えぇ……？

ナム：どうすればいいでしょうか。

斉藤：とりあえず、もう一度確認してください。

ナム：はい、わかりました。

聞きましょう2

レベル3

◆)29　ナム：斉藤さん、すみません！　ちょっとよろしいですか。

斉藤：はい。どうしたんですか。

ナム：あのう、実は……きょう入荷した部品の箱を落としてしまいました。

斉藤：え？　どうして？

ナム：きょうの部品は軽かったので、手で運んでもいいと思ったんです。それで……落としてしまいました。

斉藤：え？　だめですよ。箱が軽くても、台車を使わなければいけませんよね。とりあえず、箱の中を見ましょう。

ナム：はい。ほんとうにすみません。

ユニット 12　困っていることを相談する

聞きましょう

レベル3

🔊30　ナム：斉藤さん、すみません。今、お時間ありますか。

斉藤：はい。どうしましたか。

ナム：あのう、実は……ちょっとご相談してもいいですか。

斉藤：もちろんですよ。ここで話しますか。

ナム：はい、ここで大丈夫です。あのう……わたしのやり方がよくないのかもしれませんが……作業がなかなか終わらなくて……。残業はできませんから、きょうできなかったことを次の日にしなければなりません。でも、次の日はほかの作業もしなければなりませんよね。ですから、どんどん作業が多くなるんです。どうすればいいでしょうか。

斉藤：そうですか……ほかの人も同じですか。作業に時間がかかっていますか。

ナム：ほかの人は……よくわかりませんが、わたしより速いと思います。

斉藤：なるほど。作業の量は研修生は皆さん同じです。でも、ナムさんだけ作業が終わりませんよね？　どうしてでしょうか。

ナム：あ……そうですね。わたしだけです。

斉藤：ナムさんは作業がとても丁寧です。たぶん、丁寧ですから時間がかかるんだと思います。田中さんは丁寧で作業も速いです。今度、田中さんの作業を見てみてください。どうしたら速く作業ができるか、わかるかもしれません。

ナム：はい。わかりました。ありがとうございます。

ユニット13　連絡事項を伝言する

聞きましょう1

レベル3

▶11　取り次ぎ：サリさん、山下さんからお電話です。1番です。

サリ：　　ありがとうございます。

サリ：　　お電話代わりました。サリです。

山下：　　お疲れさまです。山下です。

サリ：　　お疲れさまです。

山下：　　サリさん、課長は今、いませんよね？

サリ：　　はい。でも、たぶん……もうすぐ来ます。

山下：　　そう……。ちょっとお願いしてもいいですか。横浜機械との打ち合わせに時間がかかってしまったので、これから昼ごはんを食べに行こうと思っています。2時ごろ会社に戻る予定です。課長に伝えてもらえますか。

サリ：　　はい、わかりました。会社に……2時ごろですね……。

山下：　　はい、2時ごろに戻ります。よろしくお願いします。

サリ：　　はい。失礼します。

聞きましょう2

レベル3

▶12　サリ：　　課長、山下さんから電話がありました。打ち合わせに時間がかかってしまったので、これから昼ごはんを食べに行くと言っていました。2時ごろ会社に戻るそうです。

森田課長：わかりました。ありがとう。

ユニット14　指導・アドバイスを受ける

話すタスク1

レベル3

31　斉藤：ナムさん、ちょっと今、話しても大丈夫ですか。

ナム：はい。

斉藤：いつも作業の説明はわたしがしていますよね。わたしの日本語は難しいですか。

ナム：いいえ、斉藤さんの説明はよくわかります。大丈夫です。

斉藤：あ、そうなんですね……。実は……わたしにはナムさんが時々説明をわかっていないように見えます。ほんとうにわかったかどうか、心配になるときがあります。何度、質問しても大丈夫ですから、わかるまで確認してくださいね。

🔊32 ナム：あ……自分では、わかったと思っていました。でも、勘違いをしていたかもしれません。すみませんでした。これからは、わかったと思っても確認します。

🗣 **話すタスク2**

レベル3

🔊33 斉藤：ナムさん、わたしの作業の説明はわかりましたか。

ナム：はい。わかりました。

斉藤：じゃあ、今度はナムさんが作業をしてもらえますか。

ナム：え、今ですか。えーと……。

斉藤：ほんとうにわたしの説明はわかりましたか。

ナム：はい、わかりました。でも、同じ作業を今するのは……ちょっと難しいです。

斉藤：ナムさん。日本で習ったことは国に帰ってから、ナムさんが皆さんに教えなければならないんですよ。説明がわかっても、作業ができなければ、意味がありません。ですから、きちんと作業ができるように覚えてくださいね。

🔊34 ナム：あ……わたしは作業の方法がわかったらいいと思っていました。でも、勘違いをしていたかもしれません。すみませんでした。これからは、作業ができるように、きちんと覚えます。

🗣 **話すタスク3**

レベル3

🔊35 斉藤：ナムさん、毎日頑張っていますね。

ナム： あ、斉藤さん。はい！　日本にいる間にできるだけ製品の勉強をし
　　　　たいですから。

斉藤： すばらしいですね。ナムさんはほんとうによく頑張っていますよね。でも、
　　　　昼休みはみんなといっしょにごはんを食べたほうがいいんじゃないかな
　　　　……。勉強はもちろん大切ですけど、人とのつながりも大切だと思う
　　　　んです。日本にいる間は短いから、日本人とつながりを作ってくださ
　　　　い。いいチャンスだと思いますよ。

🔊36　ナム： あ……はい。そうですね。よくわかります。そのとおりですね。勉強も
　　　　大切ですが、人とのつながりも大切だと思います。これから、気をつけ
　　　　ます。

ユニット15　業務の成果や課題を話す

聞きましょう

レベル3

🔊37　森田課長： サリさん、この3か月、お疲れさまでした。

サリ： ありがとうございます。

森田課長： では、この3か月の仕事について、よかったこと、問題だったこ
　　　　とを話してください。

サリ： わたしはシステムテストを担当していますが、よかったことは、
　　　　一人で作業ができるようになったことです。問題は、作業ミス
　　　　が多かったことです。

森田課長： その問題について、もう少し説明してくれますか。

サリ： はい。問題なのは、ミスをするともう一度やり直さなければならな
　　　　いので、長く時間がかかってしまうことです。これは、むだになり
　　　　ます。原因は「次は気をつけよう」と思っていても、何もしなかっ
　　　　たからだと思います。ミスは隠さないで、必ず報告していますが、
　　　　ほかにも作業ミスが少なくなるように、「ミス再発防止ノート」
　　　　を書くようにしたいと思います。これは「どんなミスをしたか」「ど
　　　　うしてミスが起きたか」「どうしたらミスをしなかったか」を書く
　　　　ノートです。

森田課長： わかりました。その調子で頑張ってください。

サリ： はい、ありがとうございます。

解答例
<ruby>解答例<rt>かいとうれい</rt></ruby>

ユニット1　標示の意味を調べる
<ruby>標<rt>ひょう</rt></ruby><ruby>示<rt>じ</rt></ruby>の<ruby>意味<rt>いみ</rt></ruby>を<ruby>調<rt>しら</rt></ruby>べる

ウォーミングアップ

レベル3

省略
<ruby>省略<rt>しょうりゃく</rt></ruby>

調べるタスク1
<ruby>調<rt>しら</rt></ruby>べるタスク1

レベル3

作業場：さぎょうば　事務所：じむしょ　倉庫：そうこ　＊意味については 省略
＊<ruby>意味<rt>いみ</rt></ruby>については <ruby>省略<rt>しょうりゃく</rt></ruby>

話し合いましょう
<ruby>話<rt>はな</rt></ruby>し<ruby>合<rt>あ</rt></ruby>いましょう

レベル3

省略
<ruby>省略<rt>しょうりゃく</rt></ruby>

調べるタスク2
<ruby>調<rt>しら</rt></ruby>べるタスク2

レベル3

①さぎょうちゅう　②おうせつしつ　③きゅうけいしつ　④さゆうかくにん

⑤じゅうぎょういんようでいりぐち
＊意味については 省略
＊<ruby>意味<rt>いみ</rt></ruby>については <ruby>省略<rt>しょうりゃく</rt></ruby>

会話練習
<ruby>会話練習<rt>かいわれんしゅう</rt></ruby>

レベル3

1．1）①火気厳禁　②かきげんきん　③火を使ってはいけない
<ruby>火<rt>ひ</rt></ruby>を<ruby>使<rt>つか</rt></ruby>ってはいけない

　　2）①使用中　②しようちゅう　③今、使っている
<ruby>今<rt>いま</rt></ruby>、<ruby>使<rt>つか</rt></ruby>っている

ユニット2　ルールやマナーの説明を聞く

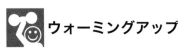 ウォーミングアップ

レベル3

〈解答例〉してはいけないことは何か知りたいです。
　　　　　職場のルールが知りたいです。

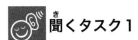 聞くタスク1

レベル3

1．ロッカールームで
　〈解答例〉研修は9時から／ロッカールームで着替える／（9時）5分前までに工場へ来る／時間厳守／作業のまえに毎朝朝礼をする／ロッカーに財布を入れておいてもいいが、かぎを忘れないようにする

2．工場で
　〈解答例〉工場では禁煙だから、絶対にたばこを吸わない／たばこは工場の外の喫煙所で吸う／工場ではケータイ禁止（仕事をしながらケータイを見ない）／大きい機械には触らない／マニュアルを見ながら機械を操作する／工場では安全第一

3．食堂で
　〈解答例〉食堂では機械でチケットを買って、食堂の人にチケットを出す／食堂で弁当を食べてもいい／（食堂がすいていたら、）食堂で勉強してもいい

4．工場で
　〈解答例〉5時に作業を終わる／使った工具は必ず元の所に戻す／工場では整理整頓が大切／工具を片づけたら日報を書く／日報を事務所に出してから帰る／9時から朝礼／遅れないようにする／遅刻するときは9時までに事務所に連絡する

 **聞くタスク2**

レベル3

1. ①9時5分前 ②厳守 ③かぎ ④忘れない
2. ①吸わない ②（工場の外の）喫煙所 ③ケータイ ④触らない
3. ①〈解答例〉機械で食べたい料理のチケットを買って、食堂の人に出します／出したらいいです／出したら食べられます。
   ②〈解答例〉はい、いいです。／食堂がすいているときだったら、勉強してもいいです。
4. ①工具 ②元の所 ③整理整頓 ④日報 ⑤遅れ ⑥9時 ⑦事務所

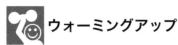 **会話練習**

レベル3

1. 1）①これに触る ②やけどをします ①（これに）触ら
   2）①無理にレバーを押す ②機械が故障します ①無理にレバーを押さ
2. 1）①作業が終わった ②きれいに掃除して
   2）①日報を書いた ②課長にもメールで送って

ユニット3　災害時のアナウンスを聞く

 **ウォーミングアップ**

レベル3

1. ①地震 ②津波 ③台風 ④火事 ⑤大雨 ⑥洪水
2. ①机の下に入ります ②鼻と口をタオルで押さえます ③雨戸を閉めます

 **聞くタスク1**

レベル3

①地震 ②火事 ③津波

聞くタスク2

レベル3

1. 1) 台風　2) 火事
2. 1) ①帰宅し　②機械の電源　③気をつけて
　　2) ①非常口　②階段　③煙　④体　⑤鼻（口）　⑥口（鼻）
3. 1) 地震　2) 津波
4. 1) ①余震　②割れたガラス　③消えている
　　2) ①海（川）　②川（海）　③高い所　④注意し

 会話練習

レベル3

1. 1) ①エレベーターを使う　②止まる　③非常階段／非常階段
　　2) ①ここから外へ行く　②けがをする　③非常口／非常口
2. 1) ①電車が止まって　②帰れない人は、ホテルを準備する
　　　③総務部まで連絡して
　　2) ①電話回線が混んで　②たぶん、携帯電話は使えない
　　　③公衆電話を使って
3. 1) ①火事が起きた　②煙を吸わないようにして　③落ち着いて避難して
　　2) ①津波が来た　②高い所へ避難して　③海や川に近寄らないで

ユニット4　工場見学の説明を聞く

ウォーミングアップ

レベル3

1. 省略
2. 〈解答例〉生産台数などの大切な数字に気をつけて、説明を聞きます。
　　　　　　自分の業務との関係を考えながら、説明を聞きます。

聞くタスク1

レベル3

省略

聞くタスク2

レベル3

①240,000　②2,600　③強くて軽い　④丈夫な　⑤12　⑥ロボット　⑦人

⑧ロボット　⑨ロボットと人　⑩人　⑪3,000　⑫人　⑬運転　⑭700　⑮1,000

会話練習

レベル3

1．1）①1か月　②2万台　③すごいです
　　2）①1時間　②60台　③速いです

ユニット5　予定や指示を聞く

ウォーミングアップ

レベル3

1．省略
2．〈解答例〉1日の予定について話しました。ほかの人の予定も聞きました。

聞くタスク1

レベル3

1．森田課長
　　〈解答例〉9時半から山下さんと打ち合わせがあります。その後、プロジェクト計
　　　　　　画を作ります。午後は4時から1時間ほど営業課と打ち合わせがあり
　　　　　　ます。

2. 山下さん

〈解答例〉午前は、課長との打ち合わせ後に、横浜機械で打ち合わせがあるので外出します。1時ごろに戻る予定です。午後はコスト計画を作ります。

3. サリさん

〈解答例〉きのうから始めた工程表がまだ完成していないので、きょうも（工程表の作業を）続けます。3時までに一度課長にメールで送ります。問題があればやり直して、あしたには出せるようにします。（朝礼が終わったら工程表を課長に一度見せます。）

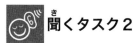 聞くタスク2

レベル3

1. ①× ②× ③○

2. ①○ ②× ③○

3. 〈解答例〉朝礼のあとできのうまでの工程表を課長に見せる。／工程表を作る。／3時までに工程表を課長にメールで送る。

 会話練習

レベル3

1. 1）①10時半から工場で安全チェック ②2時ごろ会社を出る
　 2）①10時からテレビ会議 ②事務所には戻らない

ユニット6　予定を共有する

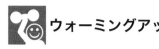 ウォーミングアップ

レベル3

〈解答例〉自分の予定を教えたり、上司や同僚の予定を教えてもらったりしなければなりませんから、朝礼をすると思います。
同じ部署の人が何をするか知っておくことが大切です。知らないと、仕事が進まないこともあります。

 **聞きましょう**

レベル3
1. ①横浜機械　②打ち合わせ　③1時ごろ　④コスト計画
2. ①工程表　②3時　③課長　④問題

 話すタスク

レベル3
省略

 会話練習

レベル3
1. 1) ①トラブルの報告　②しました／して　③きょうの午後しよう
   2) ①会議の資料　②送りました／送って　③あしたまでに送ろう

ユニット7　予定を確認する

 ウォーミングアップ

レベル3
省略

 話すタスク1

レベル3
1. 〈解答例〉

①あのう、すみません。名前をもう一度お願いできますか。／あのう、すみません。
（担当者は）斉藤さんでよろしいでしょうか。

②あのう、すみません。曜日をもう一度お願いできますか。／あのう、すみません。
（会議は来週の）月曜日でよろしいでしょうか。

③あのう、すみません。月をもう一度お願いできますか。／あのう、すみません。
（東京の実習は）2月からでよろしいでしょうか。

④あのう、すみません。時間<ruby>時<rt>じ</rt></ruby><ruby>間<rt>かん</rt></ruby>をもう一度<ruby>一<rt>いち</rt></ruby><ruby>度<rt>ど</rt></ruby>お願<ruby>願<rt>ねが</rt></ruby>いできますか。／あのう、すみません。
　（会議<ruby>会<rt>かい</rt></ruby><ruby>議<rt>ぎ</rt></ruby>は月曜日<ruby>月<rt>げつ</rt></ruby><ruby>曜<rt>よう</rt></ruby><ruby>日<rt>び</rt></ruby>の）10時<ruby>時<rt>じ</rt></ruby>からでよろしいでしょうか。

⑤あのう、すみません。場所<ruby>場<rt>ば</rt></ruby><ruby>所<rt>しょ</rt></ruby>をもう一度<ruby>一<rt>いち</rt></ruby><ruby>度<rt>ど</rt></ruby>お願<ruby>願<rt>ねが</rt></ruby>いできますか。／あのう、すみません。
　（エンジンの製造<ruby>製<rt>せい</rt></ruby><ruby>造<rt>ぞう</rt></ruby>の実習<ruby>実<rt>じっ</rt></ruby><ruby>習<rt>しゅう</rt></ruby>は）名古屋工場<ruby>名<rt>な</rt></ruby><ruby>古<rt>ご</rt></ruby><ruby>屋<rt>や</rt></ruby><ruby>工<rt>こう</rt></ruby><ruby>場<rt>じょう</rt></ruby>でよろしいでしょうか。

2．① （担当者<ruby>担<rt>たん</rt></ruby><ruby>当<rt>とう</rt></ruby><ruby>者<rt>しゃ</rt></ruby>は）斉藤<ruby>斉<rt>さい</rt></ruby><ruby>藤<rt>とう</rt></ruby>さんですね。わかりました。

② （会議<ruby>会<rt>かい</rt></ruby><ruby>議<rt>ぎ</rt></ruby>は来週<ruby>来<rt>らい</rt></ruby><ruby>週<rt>しゅう</rt></ruby>の）月曜日<ruby>月<rt>げつ</rt></ruby><ruby>曜<rt>よう</rt></ruby><ruby>日<rt>び</rt></ruby>ですね。わかりました。

③ （東京<ruby>東<rt>とう</rt></ruby><ruby>京<rt>きょう</rt></ruby>の実習<ruby>実<rt>じっ</rt></ruby><ruby>習<rt>しゅう</rt></ruby>は）2月<ruby>月<rt>がつ</rt></ruby>からですね。わかりました。

④ （会議<ruby>会<rt>かい</rt></ruby><ruby>議<rt>ぎ</rt></ruby>は月曜日<ruby>月<rt>げつ</rt></ruby><ruby>曜<rt>よう</rt></ruby><ruby>日<rt>び</rt></ruby>の）10時<ruby>時<rt>じ</rt></ruby>からですね。わかりました。

⑤名古屋工場<ruby>名<rt>な</rt></ruby><ruby>古<rt>ご</rt></ruby><ruby>屋<rt>や</rt></ruby><ruby>工<rt>こう</rt></ruby><ruby>場<rt>じょう</rt></ruby>で（エンジンの製造<ruby>製<rt>せい</rt></ruby><ruby>造<rt>ぞう</rt></ruby>の実習<ruby>実<rt>じっ</rt></ruby><ruby>習<rt>しゅう</rt></ruby>）ですね。わかりました。

 話<ruby>話<rt>はな</rt></ruby>すタスク2

レベル3

1．①×　②×　③○　④○　⑤×　⑥×　⑦○

2．①すみません。9月<ruby>月<rt>がつ</rt></ruby>から10月<ruby>月<rt>がつ</rt></ruby>の指導員<ruby>指<rt>し</rt></ruby><ruby>導<rt>どう</rt></ruby><ruby>員<rt>いん</rt></ruby>はどなたですか。
　ちょっと漢字<ruby>漢<rt>かん</rt></ruby><ruby>字<rt>じ</rt></ruby>が読<ruby>読<rt>よ</rt></ruby>めなくて……。

②すみません。11月<ruby>月<rt>がつ</rt></ruby>から3月<ruby>月<rt>がつ</rt></ruby>は何<ruby>何<rt>なん</rt></ruby>の実習<ruby>実<rt>じっ</rt></ruby><ruby>習<rt>しゅう</rt></ruby>ですか。ちょっと印刷<ruby>印<rt>いん</rt></ruby><ruby>刷<rt>さつ</rt></ruby>が見<ruby>見<rt>み</rt></ruby>えなくて……。

③すみません。11月<ruby>月<rt>がつ</rt></ruby>から3月<ruby>月<rt>がつ</rt></ruby>の東京<ruby>東<rt>とう</rt></ruby><ruby>京<rt>きょう</rt></ruby>の宿舎<ruby>宿<rt>しゅく</rt></ruby><ruby>舎<rt>しゃ</rt></ruby>はどこですか。
　ちょっと印刷<ruby>印<rt>いん</rt></ruby><ruby>刷<rt>さつ</rt></ruby>が見<ruby>見<rt>み</rt></ruby>えなくて……。

 会話練習<ruby>会<rt>かい</rt></ruby><ruby>話<rt>わ</rt></ruby><ruby>練<rt>れん</rt></ruby><ruby>習<rt>しゅう</rt></ruby>

レベル3

1．1）①研修予定表<ruby>研<rt>けん</rt></ruby><ruby>修<rt>しゅう</rt></ruby><ruby>予<rt>よ</rt></ruby><ruby>定<rt>てい</rt></ruby><ruby>表<rt>ひょう</rt></ruby>　②どんな内容<ruby>内<rt>ない</rt></ruby><ruby>容<rt>よう</rt></ruby>か
　　2）①検査表<ruby>検<rt>けん</rt></ruby><ruby>査<rt>さ</rt></ruby><ruby>表<rt>ひょう</rt></ruby>　②どこにチェックするか

ユニット8　使い方<ruby>使<rt>つか</rt></ruby>い<ruby>方<rt>かた</rt></ruby>について質問<ruby>質<rt>しつ</rt></ruby><ruby>問<rt>もん</rt></ruby>する

 ウォーミングアップ

レベル3

1．〈解答例<ruby>解<rt>かい</rt></ruby><ruby>答<rt>とう</rt></ruby><ruby>例<rt>れい</rt></ruby>〉【エアコン】どうやってエアコンを冷房<ruby>冷<rt>れい</rt></ruby><ruby>房<rt>ぼう</rt></ruby>から送風<ruby>送<rt>そう</rt></ruby><ruby>風<rt>ふう</rt></ruby>に変<ruby>変<rt>か</rt></ruby>えますか。
　　　　　　　　　変え方<ruby>変<rt>か</rt></ruby>え<ruby>方<rt>かた</rt></ruby>がわかりません。

【コピー機】両面コピーのやり方がわかりません。

2．〈解答例〉【エアコン】もう一度聞きます。

【コピー機】知りたい情報を教えてもらえる聞き方をします。

話すタスク1

レベル3

1．①両面コピー　②する／して
2．①日本語入力　②する／して
3．①プロジェクター　②つける／つけて

話すタスク2

レベル3

1．①両面コピー　②する　③白黒　④カラーコピーがしたい
2．①エアコン　②つける　③送風　④冷房にしたい
3．①入力　②する　③英語　④日本語入力にしたい

話すタスク3

レベル3

1．①週報のファイル／週報のファイル　②デスクトップ上の
2．①コピー用紙／コピー用紙　②箱の中の
3．①プリンターのトナー／プリンターのトナー　②キャビネットの中の

会話練習

レベル3

1．1）①報告書を書いた　②ちょっと見て
　　2）①図面をかいた　②確認して
2．1）①サイズを変えたい　②変えられない
　　2）①ホッチキスで資料をまとめたい　②できない
　　3）①字を大きくしたい　②大きくならない

ユニット9 体調不良を伝える

ウォーミングアップ

レベル3

1. ①頭 ②おなか ③のど ④気分 ⑤やけど ⑥けが ⑦かぜ ⑧熱 ⑨せき
2. 省略

聞きましょう

レベル3

[場面1] 1. きのうの晩から、のどが痛くて、熱も少しあります。

2. ①× ②○

[場面2] 1. 手にやけどをしました。

2. ①× ②○

話すタスク

レベル3

1. 〈解答例〉

①斉藤さん、すみません。ちょっとよろしいでしょうか。

②a. あのう、実はきのうの晩からのどが痛くて……熱もあるんです。

b. あのう、実はけさから頭が痛くて……せきも出るんです。

c. あのう、実はきのうからおなかが痛くて……熱もあるんです。

d. あのう、実はけさから気分が悪くて……頭も痛いんです。

2. 〈解答例〉

①斉藤さん、すみません。ちょっとよろしいでしょうか。

②a. あのう、作業のとき、手にやけどをしてしまったんです。今もまだ痛くて……。

b. あのう、溶接作業のとき、のどが痛くなってしまったんです。すぐ手当てしたんですが、今もまだ痛くて……。

c. あのう、製品を運ぶとき、足にけがをしてしまったんです。すぐ手当てしたんですが、今もまだ痛くて……。

d. あのう、機械のメンテナンスをするとき、手にけがをしてしまったんです。すぐ手当てしたんですが、今もまだ痛くて……。

会話練習

レベル3

1. 1) ①けがをした　②薬をつけた
　　2) ①体の調子がよくない　②無理をしない
2. 1) ①頭や胃が痛い　②ストレス
　　2) ①熱がある　②インフルエンザ

ユニット10　遅刻の連絡をする

 ウォーミングアップ

レベル3

1. 〈解答例〉研修担当者／指導員／上司
2. 〈解答例〉電話／メール／LINEで連絡します。
3. 省略

 聞きましょう

レベル3

1. ①○　②×　③×
2. ①今、駅にいる　②電車の何かのトラブル
　　③会社に着くのが9時10分ごろになりそう

 話すタスク

レベル3

〈解答例〉

①はい、システムトーキョー、開発部開発課でございます。

②おはようございます。サリです。森田課長をお願いします。

③お電話代わりました。森田です。

④サリです。おはようございます。申し訳ありません。

　a. 今、駅にいるんですが、電車の遅延で遅れてしまって、10分ぐらい遅刻しそう

　　なんです。

b． 今、駅にいるんですが、事故で電車が遅れてしまって、遅刻しそうなんです。

c． 今、バス停にいるんですが、渋滞でバスが遅れてしまって、遅刻しそうなんです。

d． 今、アパートにいるんですが、自転車のパンクで10分ぐらい遅刻しそうなんです。

会話練習

レベル3

1．1）①人身事故　②電車がなかなか来ません　③30分ぐらい
　　2）①渋滞　②バスがなかなか来ません　③30分以上

ユニット11　問題発生を報告する

ウォーミングアップ

省略

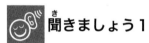
聞きましょう1

レベル3

①ちょっとよろしいですか　②部品の発注ミス　③発注したものと届いたもの
④発注ミス　⑤いいでしょうか

話すタスク1

レベル3

1．省略

2．省略

3．〈解答例〉

①斉藤さん、すみません！　ちょっとよろしいですか。

②部品の検数ミスがあったみたいです。納品書の数と部品の数が違います。／セットミスがあったみたいです。ここにセットする道具が違います。／加工ミスがあったみたいです。この部品の加工のしかたが違います。／出荷ミスがあったみたいです。ここにある製品の種類が違います。

③どうすればいいでしょうか。

聞きましょう２

レベル３

①部品の箱　②軽かった　③手　④それで

話すタスク２

レベル３

1.〈解答例〉

検数ミスをした／きょうの納品は少ないので、一人でできると思ったから。

加工ミスをした／きょうの加工は難しくないので、簡単にできると思ったから。

出荷ミスをした／きょうの出荷は少ないので、一人でできると思ったから。

2.〈解答例１〉

①斉藤さん、すみません！　ちょっとよろしいですか。

②あのう、実は……検数ミスをしてしまいました。

③きょうの納品は少ないので、一人でできると思ったんです。それで、検数ミスを

　してしまいました。

〈解答例２〉

①斉藤さん、すみません！　ちょっとよろしいですか。

②あのう、実は……加工ミスをしてしまいました。

③きょうの加工は難しくないので、簡単にできると思ったんです。それで、加工

　ミスをしてしまいました。

〈解答例３〉

①斉藤さん、すみません！　ちょっとよろしいですか。

②あのう、実は……出荷ミスをしてしまいました。

③きょうの出荷は少ないので、一人でできると思ったんです。それで、出荷ミス

　をしてしまいました。

会話練習

レベル3

1. 1) ①検品をしていた　②見落としをして
   2) ①製品を出荷していた　②ミスをして
2. 1) ①林さん　②林さんはわたしだけに厳しくて
   2) ①森さん　②森さんに毎日「飲みに行こう」と言われていて
   3) ①田中さん　②田中さんがあまり仕事を教えてくれなくて

ユニット12　困っていることを相談する

ウォーミングアップ

省略

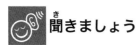
聞きましょう

レベル3

①×　②○　③×　④○

話すタスク

レベル3

1. 省略
2. 〈解答例1〉

   ①ちょっとバグが多くて……。

   ②たくさんバグがあります（から、）なかなか作業が終わりません。

   ③（でも、）納期がありますよね。（ですから、）作業が終わらないんです。

   〈解答例2〉

   ①資料の漢字の読み方がわからなくて……。

   ②たくさん作業があります（から、）なかなか読み方が調べられません。

   ③（でも、）毎日たくさん資料をもらいますよね。（ですから、）いつも資料がよ

   くわからないんです。

会話練習

レベル3

1．1）①わたしのやり方がよくない　②報告書がうまく書けなくて
　　2）①わたしのやり方に問題がある　②時間までに作業が終わらなくて
2．1）①前の会議の議事録を見たい　②どの棚を探せば
　　　　③「業務」の棚にある
　　2）①検査のチェックリストを探している　②だれに聞けば
　　　　③製造課の山田さんが知っている

ユニット13　連絡事項を伝言する

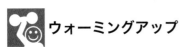

ウォーミングアップ

1．省略
2．〈解答例〉内線電話をかけます／直接伝えます／伝言メモを書きます／
　　　　　　　メールを送ります／チャットアプリでメッセージを送ります

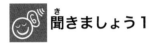

聞きましょう1

レベル3

〈解答例〉サリさんは課長に、山下さんは2時ごろ会社へ戻ると伝えます。

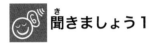

聞きましょう2

レベル3

〈解答例〉課長、山下さんから電話がありました。打ち合わせに時間がかかってしまっ
　　　　　たので、これから昼ごはんを食べに行くと言っていました。2時ごろ会社に
　　　　　戻るそうです。

話すタスク

レベル3

1．省略

2. 〈解答例〉電車の遅延で、会社に遅れると言っていました。15分ぐらい遅れるそうです。／自転車のパンクで、会社に遅れると言っていました。10分ぐらい遅れるそうです。／かぜをひいたので、きょうは会社を休むと言っていました。あしたはたぶん来られるそうです。／打ち合わせが今、終わったと言っていました。午後の会議に10分ぐらい遅れるそうです。

会話練習

レベル3

1. 1) ①ほかのお客様の所に行かなければなりません　②3時ごろ会社に戻る
   2) ①電車が遅れています　②会社に戻る時間が11時ごろになる

ユニット14　指導・アドバイスを受ける

ウォーミングアップ

レベル3
省略

話すタスク1

レベル3

1. 斉藤さんの説明がわかった
2. わかるまで確認して
3. 省略
4. あ……自分では、わかったと思っていました。でも、勘違いをしていたかもしれません。すみませんでした。これからは、わかったと思っても確認します。

話すタスク2

レベル3

1. （斉藤さんが説明した）作業が（実際に）できないこと
2. きちんと作業ができるように覚えて
3. 省略

4．あ……わたしは作業の方法がわかったらいいと思っていました。でも、勘違いをしていたかもしれません。すみませんでした。これからは、作業ができるように、きちんと覚えます。

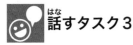 **話すタスク3**

レベル3

1．日本で日本人とのつながりを作っている
2．人とのつながりを作って
3．省略
4．あ……はい。そうですね。よくわかります。そのとおりですね。勉強も大切ですが、人とのつながりも大切だと思います。これから、気をつけます。

 **会話練習**

レベル3

1．1）①機械を操作している　②機械の調子が悪くて
　　　③すぐ機械を止めて、調べてもらった
　　2）①急いであしたの会議の資料を作っている　②体の調子が悪くて
　　　③課長に相談して、早退した

ユニット15　業務の成果や課題を話す

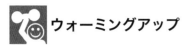 **ウォーミングアップ**

レベル3
省略

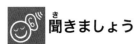 **聞きましょう**

レベル3

1．①○　②○　③×　④×
2．〈成果〉一人で作業ができるようになった
　　〈課題〉作業ミスが多かった

〈解決策〉「次は気をつけよう」と思っていても、何もしなかった／
作業ミスが少なくなる／「ミス再発防止ノート」を書く

 話すタスク

レベル3

〈解答例〉
〈成果〉日本語の会話が上手になった
〈課題〉漢字のテストでミスが多かった
〈解決策〉答えを書いてから、見直しをしなかった／今後はミスをしない／
見直しをする

 会話練習

レベル3

1. 1) ①機械トラブルが少なくなった　②欠品が多かった
　　2) ①連絡ミスが減った　②不良品が時々あった
2. 1) ①欠品をなくそう　②在庫を確認していなかった
　　2) ①不良品を減らそう　②検品が十分ではなかった
3. 1) ①欠品が減る　②毎日在庫を確認する
　　2) ①不良品が減る　②検品を十分行う